創刊の辞

最近の国史・国文学専攻の若い研究者を間近にみていて、羨ましく思うことと、気の毒に思うことがある。

羨ましいのは、学位の取得が容易になったこと。一九九〇年代後半から、文部科学省の方針転換により、それまで学位取得が困難といわれた文学部でも、大学院修了と同時に博士号を取得することが可能になった。学位を取るのが研究の目的ではないが、博士課程などと云われながら、就業年数の満期が来ても学位が取れぬ、かつての状態が正常だったとも思えない。

いま一は、研究書や辞書が廉価になったこと。新刊書のほうは相変わらずの高値だが、古書は異常なほど安い。『古事類苑』や『国史大辞典』は、全巻が二三万円で購入できる。しかも、ネット販売の普及で、探索もずいぶんになった。クリックするだけで翌日には手元に届く。昔話で恐縮だが、出張で立寄った地方都市で、どこかに掘出し物はないかと、『全国古本屋地図』を片手に捜し回ったのは、遠い過去の話である。

とは、気の毒に思うことは？ いろいろあるが、やはり、就職難と研究の不自由だろうか。

もっとも、就職難のほうは、昔も今も渝らない。しかし、これだけ少子化が進み、大学に進学する子どもが減る大学も経営が苦しいので、いきおい教員も減らさざるをえない。筆者が就職した平成元年ごろは、十八歳人口ークを迎え、あちこちで大学の新設や学部増設が相次いでいた。真面目に研究しさえすれば、いつかどこかに込めそうな雰囲気があった。

だ、それよりも気の毒なのは、研究の不自由ではないか。

「不自由」といっても、昨今の研究環境はむしろ良好である。さきに書いたように、本は安いし、パソコンの普及で、データの解析や論文作成はずいぶん簡単になった。情報入手の便宜も多い。

だが、若い研究者は、ほんとうにやりたいと思うテーマに打ち込めているだろうか。そこが問題だと思う。たしかに、学位取得のハードルが下がった。しかし、人文系の学問において三年で学位論文をまとめることは、それほど易しいことではない。大きな問題に正面から立ち向かっていると、三年なんてあっというまである。

そこで、研究テーマを絞る必要が生じる。三年間で成果のあがるような、比較的小さな問題をピンポイントで取り上げ、それに特化せざるをえない。

それは研究者本人にとっては不本意なことかも知れないが、この際、贅沢は云えない。ただ、意に染まない研究を無理に続けると、どこか愉しめない。しかも、重箱の隅をつつくような、小さなテーマばかり扱っていると、視野狭窄になりがちである。

「今の大学院生の気分からいったら、『自分が何やりたいです』じゃないです。『何をやったらいい論文が書けるか』で〔研究テーマを〕選んだりしている」——以前、大隅良典先生がそんなことを語っておられた（平成二十九年十二月十日放映『ＮＨＫスペシャル』「追跡東大研究不正」）。先生のおっしゃる「いい論文」とは、それによって学位が取得できる、就職の途が拓ける、外部資金が獲得できる、といった性格のものなのだろうが、それだけが研究ではあるまい。

時流には抗えないから、割り切る覚悟も必要だろう。ただ、好きで入った世界ではないか。わからないことを自分の手で解明できたときの悦び——そんな初心を忘れないでほしい。小誌は、流行のテーマでなくてもいい。いつかどこかで誰かの研究に役立つ論文であれば、歓迎したい。

（荊木美行記）

豊受大神宮の鎮座とその伝承

荊木美行

はじめに

皇大神宮、いわゆる内宮《ないくう》は、延喜伊勢大神宮式《えんぎいせだいじんぐうしき》に、

伊勢大神宮。

大神宮三座在二度会郡宇治郷五十鈴河上一。

天照大神一座。

相殿神二座。

禰宜一人従七位官。大内人四人。物忌九人童男一人。童女八人。父九人小内人九人。

とあり、さらに同神名式にも、

大神宮三座相殿坐神二座。並大。預月次新嘗等祭。

とあるように、天照大神を祀る神社で、現在も三重県伊勢市の地に鎮座している。

いっぽう、豊受大神宮《とようけだいじんぐう》、いわゆる外宮《げくう》については、やはり伊勢大神宮式に、

度会宮四座。在二度会郡沼木郷山田原一。去二太神宮南一七里。

豊受大神一座。
相殿神三座。
禰宜一人従八位官。大内人四人。物忌六人。父六人。小内人八人。

とあり、神名式にも、

度会宮四座相殿坐神三座。並大。月次新嘗。

とみえている。豊受大神とは、天照大神に食事を奉る神である。この両正宮と、これに所属する別宮・摂社・末社・所管社《しょかんしゃ》をあわせて、一般に「伊勢神宮」と称しているのである（正式には「神宮」）。

神宮、とりわけ内宮がいったいいつごろ成立したのかという問題は、ひじょうに重要な意味をもつ。なぜなら、内宮は、皇祖神である天照大神を祭神としているからである。すなわち、天皇家の祖先神を祀る神社が伊勢の地に鎮座した時期や理由を探ることは、天照大神を奉祀する政治的集団、すなわちヤマト政権がいかにして東方へ勢力を拡大してきたかを知ることに繋がるのである。

内宮鎮座の時期とその意味については諸説あるが、筆者の個人的な印象をのべれば、内宮鎮座の時期も、現在通説として一般に滲透《しんとう》している雄略天皇朝(1)あるいは文武天皇朝よりは、かなり古いような気がする。結局のところ、内宮は、大和盆地の東南部を拠点としたヤマト政権が、東方へその勢力を伸長させていくなかで、その東の方角にあたる伊勢の地に大王家の祖先神である天照大神を祀ったのが、その原形ではあるまいか。そして、それは、四世紀中葉から後半にかけてのある時期だったとみてよいのではないだろうか(2)。

戦後、神宮の創祀に関する研究は飛躍的に進み、内宮の伊勢鎮座とその意義については活撥な議論がおこなわれ、それがこんにちまで続いている。しかし、いっぽうの外宮については、御饌神という脇役的な性格と、丹波から伊(3)

勢への遷座を伝える史料が神宮側にしか残されていないことから、内宮ほど研究は盛んではない。しかし、外宮の鎮座とそれにかかわる伝承の分析は、神宮の本質を考えるうえで看過できない重要な課題である。そこで、小論では、あらためてこの問題を取り上げてみたいと思う。

一、外宮の鎮座伝承をめぐって

1　神宮側の古伝

外宮の鎮座については、『止由気宮儀式帳《とゆけぐうぎしきちょう》』『太神宮諸雑事記《だいじんぐうしょぞうじき》』といった神宮側の古い記録は、これを雄略天皇朝のこととしている。たとえば、『止由気宮儀式帳』はつぎのように記している。

天照坐皇大神。始巻向玉城宮御宇天皇御世。国国処処太宮処求賜時。度会乃宇治乃伊須須乃河上爾大宮供奉。爾時。大長谷天皇御夢爾誨覚賜久。吾高天原坐氐見志真岐賜志処爾。志都真利坐奴。然吾一所耳坐波甚苦。加以大御饌毛安不二聞食一坐故爾。丹波国比治乃真奈井爾坐我御饌都神。等由気大神乎。我許欲止誨覚奉支。爾時。天皇驚悟賜氐。即従二丹波国一令二行幸一氐。度会乃山田原乃下石根爾宮柱太知立。高天原爾知疑高知氐。宮定斎仕奉始支。是以。御饌殿造奉氐。天照坐皇大神乃朝乃大御饌。夕乃大御饌乎日別供奉。

よく知られていることだが、『止由気宮儀式帳』は『皇大神宮儀式帳』とともに、延暦二十三年（八〇四）に『弘仁式』（具体的には『弘仁伊勢太神宮式』）編纂の資料とすることを目的として提出を命じられたものである。これら儀式帳が神宮神官から神祇官に提出され、神祇官が検判を加えている点については、虎尾俊哉氏が、

神祇官が両神宮の神官達から提出された『儀式帳』の内容に公的な権威を与えた上で、更に太政官なり格式編

纂所なりへ送付する必要があったからだ。

とのべておられるとおりである。[4] そこから判断すると、儀式帳に記された、外宮の雄略天皇朝鎮座説をふくむすべての内容は、いわば政府公認の古伝とみてよい。ゆえに、その内容に虚偽の申告があるはずもなく、外宮の雄略天皇朝鎮座説にしても、それは神宮が古くから伝えきた公式見解だったと云える。

もっとも、古伝だからといって、それがただちに史実だとは云えないのであって、外宮が丹波から遷座したという伝承については、これを疑う説もある。たとえば、岡田精司氏は、外宮は他処から移ってきたという性格のものでなく、古来、度会の国魂が籠もると信じられ、度会一族にとって祖先神の聖地でもあった高倉山を中心に、彼らによって斎かれてきたものであると考えておられる。[5] 岡田説が正鵠を射たものだとすれば、遷座伝承ものちの創作ということになるが、後述のように、筆者は、とくにこれを疑わねばならない理由を見出せない。

ただ、右の所伝については、疑問とすべき点が存することはたしかである。

まず、『古事記』や『日本書紀』といった古典が外宮の鎮座については記していない点である。とくに、雄略天皇紀が外宮鎮座について沈黙しているのは、崇神・垂仁天皇紀が内宮についての詳細な記事を掲げるのと対照的である。外宮の雄略天皇朝鎮座が神宮側の記録にのみみえ、記紀にそれを裏づける記事がないことは、その信憑性を疑う理由の一つとなろう。

つぎに、『止由気宮儀式帳』は鎮座の年紀を記さないのに、『太神宮諸雑事記』や神道五部書が、これを雄略天皇二十一年または二十二年のこととしている点である。雄略天皇朝にはすでに暦が使用されていたと考えられるので、[6] 鎮座の年紀が伝えられていたとしても不思議ではない。

この点について、田中卓氏は、『止由気宮儀式帳』は「御遷宮のストーリーそのものが中心であるから、一々の年代を省略したにすぎないであろう」と考えておられる。(7) しかし、この年代は、外宮鎮座に関しては逸することのできない重要な情報である。外宮の鎮座に関するもっとも古い記録である『止由気宮儀式帳』が、それをあえて明記していないのは、やはり、本来は正確な年紀が備わっていなかったからではあるまいか。だとしたら、二十一年託宣、二十二年鎮座という年紀はなにを根拠に誰が言い出したことなのだろうか。これも疑問である。

三つ目に、すでに内宮が存在するにもかかわらず、あえて外宮を勧請された理由も、従前の研究ではじゅうぶん解明されているとは云いがたい。食膳を奉る神が祀られている例は、神祇官の西院で祀られる御食津神などいくつかあるが、その性格はかならずしも明確ではない。丹後地方は、狭小な平野が点在するだけでけっして豊かな穀倉地帯とは云えない。そこに五穀豊饒の神が集中するわけもじゅうぶん解明されたとは云いがたいし、それが天照大神の御饌神にえらばれた理由も明確ではない。

以上のようないくつかの疑問について、筆者なりの見通しを立てようというのが小論のねらいであるが、なにぶん史料の不足から推測に留まるところも少なくない。不備については、切に読者諸彦のご批正を乞う次第である。

2　丹後とヤマト政権

はじめに、雄略天皇朝鎮座説の是非について検討したいが、そのためには、当時、つまり五世紀後半におけるヤマト政権と丹波の政治集団の関係について考えておく必要がある。なぜなら、豊受大神が鎮座していたという丹波は、すでに四世紀代からヤマト政権と親密な関係を構築していたとみられるからである。

両者の結びつきは、ヤマト政権が朝鮮半島や中国大陸の先進文物を取り入れるため、丹後半島を拠点とする日本

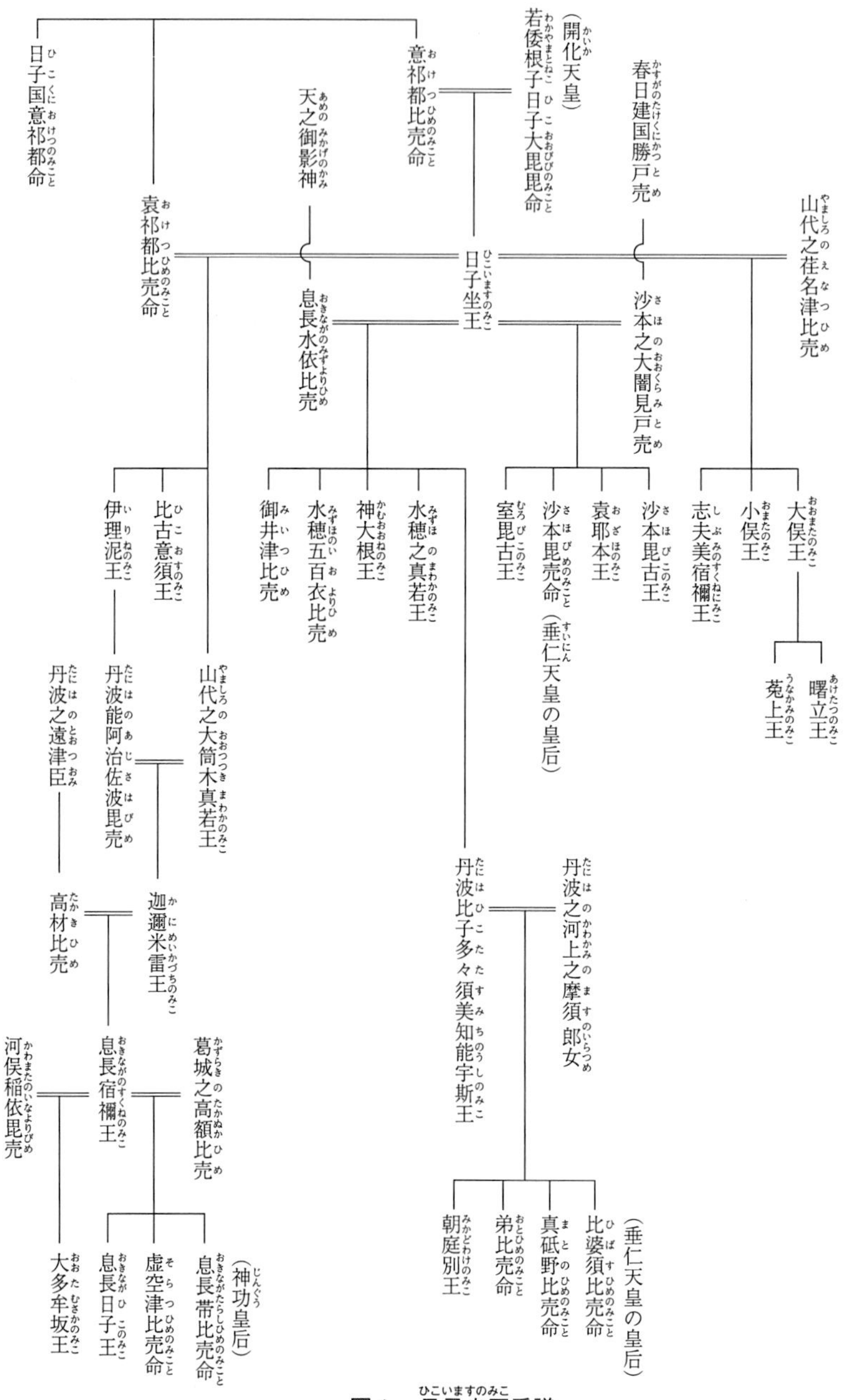

図1　日子坐王《ひこいますのみこ》系譜
(『古事記』による)

海ルートの航路を利用しようとしたことに始まると思われる。すなわち、丹後半島の港湾を掌握していた丹後政権は、そこに目をつけたヤマト政権とはやい段階から強く結びついていたようである。さきにもふれたように、丹後一帯の農業生産力はかならずしも大きいとは云えず、四世紀代にこの地に栄えた政権を支えるだけの経済的基盤になったとは考えがたい(8)。しかし、丹後ではすでに弥生時代後期から、こうした海上交通を利用して山陰沿岸・朝鮮半島・中国大陸と交易し、その利を得ていたのであって、ヤマト政権がこれに注目したのも、当然である。

丹波とヤマト政権の結びつきは、『古事記』にみえる日子坐王《ひこいますのみこ》系譜（図1参照）からもたしかめられる。この系譜は『日本書紀』にはみえないが（散逸した「系図一巻」に記されていたのであろう）、開化天皇皇子と伝えられる日子坐王が山城南部・近江・丹後などの政治集団とひろく婚姻関係を結んでいたことを示す一大系譜群である。その記載内容がどこまで事実を反映しているかは慎重に判断する必要があるが、少なくとも四五世紀のある時期におけるヤマト政権の同盟関係を反映したものであることは認めてよいであろう(9)。

この系譜で注目すべきは、垂仁天皇が丹波の豪族と思われる丹波道主王《たにわのみちぬしのおおきみ》の娘を三人（『日本書紀』は四人とする）も娶っていたとされる点である。天照大神の御杖代となった倭姫命の母日葉酢媛《ひはすひめ》（比婆須比売命）もその一人である。後述のように、四世紀代の丹後の大型前方後円墳は、いずれも大王（天皇）関係者の墓特有の三段築成であり、それを参考にすると、こうした后妃伝承はおそらく実際の婚姻関係にもとづいている可能性が大きい。

この系譜でいま一つ注意を惹くのが、日子国意祁都命《ひこくにおけつのみこと》である。開化天皇は意祁都比売命《おけつひめのみこと》・袁祁都比売命《をけつひめのみこと》という姉妹を妃にし、日子坐王をもうけたのだが、二人の兄にあたる日子国意祁都命は和爾臣（和邇・和珥など表記は多数あるが、ここでは便宜上「和爾」に統一）の祖だと記されている。これが事実だとすれば、初期ヤマト政権の王族は、のちに和爾臣氏となる集団と強く結ばれていたことになる(10)。

和爾臣氏は、大和盆地の東南部、現在の天理市和爾附近を本拠とした古い豪族で、歴代天皇に后妃を出したことで知られているが、丹後の勢力もまた、大和を中心とする聯合政権の枠組みのなかで和爾臣氏とも関係を有していたのであろう。

丹後における和爾臣氏や和爾部の存在を示す直接の史料はないが、近隣の小丹波・若狭・近江には和爾臣氏が盤居していたことが知られており、(11)彼らが丹後に進出していた可能性もじゅうぶん考えられる。

この和爾臣氏と丹波の関係を考えるうえで注目されるのが、京都府宮津市の籠神社に伝わる『海部氏系図《あまべしけいず》』である。これによれば、(12)海部直氏は「和珥祖」とされる健振熊命から出たとされている。後述のように、健振熊命は、麛坂王・忍熊王の叛乱で神功皇后・応神天皇側について活躍した人物だから、この記載には興味深いものがある。ただ、『海部氏系図』については疑問がないわけではない。この系図では、「健振熊宿禰」とその児「海部直都比」との間にはほかの系図からの引用ないしは省略をあらわすとみられる⼖という形の記号がしるされている。(13)実際にここで系譜上の断絶があったとすると、健振熊命が実際に海部直氏の祖先かは慎重に判断しなければならない。加藤謙吉氏も、海部氏が始祖とする彦火明命は尾張氏の始祖であり、三世孫の倭宿禰命も大倭直氏（大倭国造）の始祖椎根津彦だと推測できるところから、『海部氏系図』は「系統の異なる氏族の始祖や祖先の名が系図の中に雑然と海部氏の祖として配置されており、二次的な造作の行われた疑いが濃厚である」とのべておられる。(14)

こうした疑問はもっともだが、海部直氏が、なんの根拠もなく、自家の始祖として彼の名をあげているとも思えない。(15)宝賀寿男氏によれば、和爾臣氏や尾張連氏は、もとは海神系であり、阿曇連氏とともに海神綿積豊玉彦命の後裔氏族だったというから、(16)海洋と縁の深い海部直氏がこれらの氏族と結びついていたとしても不思議ではない。

鈴木正信氏は、丹後の海部直《あまべのあたい》氏が海上交通によって日本海沿岸に分布した和爾部と交流したと推測しておられるが[17]、その可能性も考えられよう。

また、宝賀氏によれば、尾張連氏と倭国造は同族だと考えられるというから[18]、『海部氏系図』が彦火明命と倭宿禰命の二人を祖先にあげることはかならずしも不当ではない。ただし、『先代旧事本紀』巻第五「天孫本紀」の掲げる尾張氏の系譜には、火明命の三世孫に倭宿禰命はみえないから、系図にはなんらかの混乱のあるとする加藤氏の指摘は故なしとしない[19]。

ところで、前述の丹波道主王の支配する領域のうち丹後一帯は、豊受大神を祀る神社が集中する土地である。この地域では、いわば「トヨウケ信仰」とでもいうべきものが滲透していたのである[20]。延喜神名式によると、丹後国の中心である丹波郡には式内社が九座あるが、そのいずれもが豊受大神を祭神とする神社である。豊受大神は、この地方では保食《うけもちの》神《かみ》と呼ばれ、五穀・養蚕・造酒の神だという[21]。

延喜神名式には祭神の記載はないので、豊受大神がいつごろからこれらの神社の祭神とされていたかは、なお検討の餘地がある。しかしながら、丹後の地に「トヨウケ信仰」が滲透していた点はとくに疑う理由はない。後世の史料であるが、『倭姫命《やまとひめのみこと》世記《せいき》』や『伊勢二所皇太神御鎮座伝記《いせにしょこうたいじんごちんざでんき》』など、いわゆる神道五部書には「丹波国の与佐《よさ》の小見比治の魚井の原に坐す道主子八乎止女《おとめ》の斎《いつ》き奉《たてまつ》る御饌都神《みけつかみ》止由居皇大神《とゆけのすめらのおおかみ》」などと書かれているので、豊受大神は、丹波道主王に象徴される政治集団の奉斎する神だったのであろう。

3　丹後の前方後円墳と四世紀末の内乱

丹波の地域政権で見逃せないのは、四世紀末から五世紀前半にかけて、この政権が大きな変化があったとみられる点である。

四世紀代、丹後に巨大な前方後円墳が相次いで築造されたことは、よく知られている。[22]最初に現れるのが白米山《しらげやま》古墳。これが四世紀前半の築造といわれている。与謝野町にあり、墳丘長は約九二メートルである。ついで出現するのが、おなじ与謝野町にある蛭子山《えびすやま》古墳だが、これが四世紀半ばの築造といわれている。墳丘も巨大化し、約一四五メートルある。しかも、三段築成である。このタイプの古墳は王族墓である可能性が大きく、[23]この古墳の被葬者とヤマト政権との濃厚な関係がしのばれる。

ついで、四世紀後半の築造とみられる旧網野町の網野銚子山古墳（墳丘長約一九八メートル）、四世紀末の築造とされる旧丹後町の神明山《しんめいやま》古墳（墳丘長約一九〇メートル）が相次いであらわれる。これら二つも三段築成で、その被葬者は、やはり王権につらなる立場にあったものと推測されている。[24]

なかでも、神明山古墳の墳丘は、奈良市の佐紀盾列《さきたたなみ》古墳西群にある佐紀陵山《みささぎやま》古墳や神戸市の五色塚古墳と同形であり、両者の強い結びつきを示唆している。佐紀陵山古墳は、三浦到氏の研究にもあるように、[25]前述の日葉酢媛の墓の可能性が大きく、四世紀代の丹後の政権は、大和盆地北部に拠点をおく佐紀政権とでも云うべき政治集団と密接な関係にあったと考えられるのである。

ただ、この神明山古墳のあと、丹後の大型前方後円墳は急速に衰退する。神明山古墳についで旧弥栄町に黒部銚子山古墳が築かれているが、後述のように、この時期の大首長墳はすでに但馬に移っており（池田古墳）、その規模はかなり縮小し（墳丘長約一〇〇メートル）、墳丘も二段築成に変わっている。そして、これと歩調を合わせるかのように、この地方の独自性を示す丹後型円筒埴輪も使用されなくなっている。[26]

このことは、四世紀末から五世紀はじめにかけてのある時期に、それまでヤマト政権と結んで絶大な勢力を誇っていた丹後政権が急激に衰退していったことを物語っている。

では、こうした勢力減退の原因は、奈辺にあるのであろうか。

文献研究の方面では、これが記紀にみえる麛坂王・忍熊王の叛乱伝承とかかわりがあるとする説が有力である。記紀によれば、誉田別皇子《ほむたわけのみこ》が生まれた翌年、神功皇后《じんぐうこうごう》は、皇子をともなって穴門の豊浦宮《とゆらのみや》から大和に帰還するが、そのとき、麛坂王・忍熊王《おしくま》兄弟が謀反を起こしたという。彼らの母は大中姫《おおなかつひめ》で、誉田皇子とは異母兄弟にあたる。二王は、皇后が筑紫で誉田別皇子を出産したことを知り、群臣がこの幼い皇子を天皇に立てるのではないかと不安をいだいたという。

神功皇后摂政前紀では、兄の麛坂王は、菟餓野《とがの》で戦の勝敗を占った際に、猪に喰い殺されてしまうが、弟の忍熊王は、各地を転戦しながら、神功皇后の差し向けた数万の軍に抵抗する。しかし、結局は琵琶湖沿岸まで敗走し、最後は瀬田で入水する。

こうした内紛については、神功皇后・応神天皇に象徴される河内の政治集団と麛坂王・忍熊王に象徴される三輪山周辺の政治集団（三輪政権）の対立抗争としてとらえ、これに勝利した前者が河内政権を樹立したと解釈されてきた。

これに対し、塚口義信氏は、事実はそうではなかったとされる(27)。

周知のように、初期のヤマト政権は、大和とその周辺の国々に盤踞《ばんきょ》していた複数の政治集団によって構成される聯合組織で、そのなかのもっとも有力な政治集団から最高首長が出ていたと考えられる。はじめに強大な勢力を誇っていたのは三輪山山麓に拠点をおく政治集団である。いわゆる「三輪王朝」である。

その後、四世紀後半にこうした最高首長権を握るのは、大和東北部から山城南部の地域を勢力基盤とする政治集団（佐紀政権）である。ここに三輪から佐紀への権力の移動が認められる。[28] 神功皇后陵に治定される五社神《ごさし》古墳（墳丘長二七五メートル）など、当時としては最大規模の前方後円墳が集中する佐紀盾列《さきたたなみ》古墳群西群（現奈良市山陵町附近）を築造したのもこの集団であり、塚口氏は、その正統な後継者こそ、記紀に麛坂王・忍熊王の名で登場する人物であったとみておられる。

ところが、四世紀末に、最高首長の座をめぐる内紛が生じた。それは、朝鮮半島をめぐる外交政策の対立を契機としたもののようだが、[29] 前述のように、反主流派であった神功皇后・応神天皇の名で語られる一派が勝利を得る。

塚口氏によると、四世紀代の丹波の大首長はヤマト政権ときわめて親密な関係を結んでいたが、主流派の系列に属していたため、四世紀末の内乱の結果、その勢力が弱体化したのだという。[30] なるほど、そのように考えると、五世紀代における丹後の前方後円墳の衰退も、納得がいく。

ちなみに、応神天皇の有力な後ろ盾には河内の政治集団があった。[31] 記紀の皇統譜では、応神天皇は、品陀真若王の娘仲津姫命に入り婿した形になっているが、この品陀真若王は、「ホムダ（ホムタ）」という名からもわかるように、河内国古市郡誉田附近を拠点とする政治集団の首長だったと考えられる。彼は、内乱のあと、佐紀の政治集団から応神天皇をむかえることによって、ヤマト政権の正統な後継者としての立場を確立したのであろう。五世紀にはいり、最大規模の前方後円墳が古市古墳群に移動していたのも、応神天皇の「入り婿」を境に、最高首長の座が佐紀から河内に移ったことに原因があると考えると、これまた巨大前方後円墳の消長を整合的に解釈できるのである。

こうした河内政権の誕生は、朝鮮半島や中国大陸との通交に大きな変化をもたらしたと考えられる。すなわち、それまでの佐紀政権は、丹後半島が大陸からの先進文物の受け入れ地の役割を担っていたのだが、五世紀に入ると、日本海ルートにかわって、摂津・河内を要津とした瀬戸内海―北部九州ルートが確立されるのである。[32] そうなると、ヤマト政権（河内政権）における丹後の比重も下落せざるをえないのであって、これも丹後政権衰退の要因の一つであろう。

4　雄略天皇朝の丹波

では、五世紀代の丹後は、どうだったのか。つぎに、この時期についてみてみたい。

四世紀末の内乱をきっかけに大きく後退した丹後政権ではあるが、ヤマト政権と繋がりが消滅したわけではなかった。このことは、考古学的な資料からも裏づけられる。それは、丹後の中期古墳の埋葬施設に多くみられる長持形石棺の存在である。六枚の石板を組み立てた長持状のこの石棺は、畿内の大王墓に共通する特徴的なものだが、古墳時代中期の築造とみられる法王寺古墳・産土山古墳・願興寺五号墳・馬場の内古墳・離湖古墳には、この長持形石棺が採用されているのである。[33]

丹後半島という狭い地域のなかで五基もの古墳に長持形石棺が使用されているのは、畿内を除けばほかに例がないというから、これが「三大古墳に続く時代にあってもヤマト政権と丹後の間に密接な関係があったことを物語っている」と考えてよいであろう。[34]

ただ、中司照世氏によれば、長持形石棺は、中首長墳とみられる産土山古墳[35]を除くと、小首長墳に該当するかどうかさえ疑問の残る例が多いという（地域的には旧丹後町に集中）。

しかも、石材について云えば、竜山石《たつやまいし》ではなく地元産の石を用いているのに過ぎない。ヤマト政権からの距離という点でほぼ丹後に匹敵する播磨では、たとえば、壇場山《だんじょうさん》古墳・同古墳の陪冢、山之越古墳、時光寺古墳など、多くの古墳で竜山石が使用されているのと比べると見劣りすることは否めない。

中司氏によれば、こうした地元産石材の多用は、中央で盛行している長持形石棺文化が丹後に波及し、地元丹後の石工がそれを模倣したものだという。同様に、畿内ではあまり例のない箱形石棺がこの地に散見されることも、他の地域の影響であろう。

なお、これに関聯して、黒部銚子山古墳のあと、後続の大首長墳が存在しない点も見逃せない。この地方の最高首長墓は、以後、但馬や丹波に築かれるのであって、その変遷は、おおよそ、但馬・池田古墳（兵庫県朝来市）→但馬・船宮古墳（兵庫県篠山市）→小丹波・雲部車塚古墳（兵庫県篠山市。船宮が先か雲部車塚が先かは現行では同列比較が不可能なので未詳）→小丹波・千歳車塚古墳（京都府亀岡市）という順である。中司氏は、これを丹後の政権が但馬をふくむ広域の「丹波」に統合された結果とみておられるが、支持すべき見解である。

しかも、三段築成・葺石・埴輪・周濠など、王権との深い繋がりが想定される池田古墳が、丹後よりもさらに西に位置していることは、瀬戸内海側の壇場山古墳（これも三段築成）の存在と相俟って、ヤマト政権の勢力がこれらの被葬者と結び、西に力を伸ばしたことを示唆している。丹後地方の狭小な谷平野ごとに存在した小集団は、さらに広域（律令制下における小丹波・丹後・但馬に相当する範囲）を支配するこの地域の最高首長の従属することになったのであろう。(36)

ところで、『止由気宮儀式帳』が記すように、豊受大神が雄略天皇朝に遷座したのであれば、これはまさに丹後政権の後退期にあたる。

豊受大神は食膳奉仕の神であることはさきにものべたが、こうした御饌神が雄略天皇朝に遷座したというは、丹後地域が完全にヤマト政権の支配下に入ったこととは関係があるのではあるまいか。すなわち、丹後の政治集団は、王権への服従の証しとして、自らが奉斎する神を皇祖神に食事を供する神として差し出したのではないだろうか。[37]

記紀・風土記をひもとくと、天皇の巡幸・遠征に際して、出迎えた在地首長が、天皇に饗応の食事を差し出すという記事が頻出している。景行天皇が東国にみずから赴いた際に、磐鹿六鴈《いわかのむつかり》が食膳を奉ったという伝承はその代表例である。すでに指摘されているように、こうした食膳奉仕は、服属儀礼の一種であると考えられるのであって、[38]これを参考にすると、丹後の在地神が迎えられたのも、この神が食物・食膳を掌る神だったことが重要な要因だったと考えられるのである。

もっとも、さきにもふれたように、丹後一帯は広大な平野が広がる穀倉地帯ではない。そうした土地に「トヨウケ信仰」が広がり、しかも、それが伊勢に及んだことについては不明な点も多いのだが、この点に関して重要なのは藤森馨氏の研究である。すなわち、氏は、内宮の由貴大御饌神事の神饌供進儀の前段中島神事において、豊受大神来臨のもとに調理されるのは志摩国所進の御贄鮑・栄螺だけであり、また、志摩の御贄のみが内外両宮に共通して供進されていることから、「豊受大神の原像は鮑・栄螺等の海産物の御贄を天照大神のために調進する神ではなかったろうか」とのべておられる。[39]これによれば、豊受大神の本質は海産物の供進・調理にあるのであって、食物といっても、かならずしもそれが農作物を意味するわけではない。のちに詳しくのべるように、外宮祭祀を掌る度会氏は、丹後直氏やその枝族である海部直氏と同族であったと考えられる。[40]そのとおりだとすると、豊受大神が海産物と結びついているのも、むしろ当然である。あるいは、丹後の政治集団は、はやくから支配下の海部を駆使して得た海産物をヤマト政権に貢納しており、それが豊受大神の遷座に繋がっているのかも知れないのである。

ところで、雄略天皇朝というのは、記紀や外国史料を綜合すると、まさに内憂外患の時代であった。しかしながら、雄略天皇は、そうした障碍を一つ一つ克服することによってその政権の基盤を固めていったのであり、その意味では、この時代は、王権発達における大きな劃期であったと云える。そのため、この時代に、かつて大王家一族と親密な関係にあった（ヤマト政権の運営にもかかわっていた可能性もある）丹波の政治集団が戴く神を天照大神に奉仕させることにより、皇祖神の神威を高ようとする意図があったのかも知れない。かかる御饌神の出仕が、丹波側からの申し出によるものか、それともヤマト政権からの差し金かはなお検討の餘地があるが、のちにものべるように、このとき豊受大神とともに度会氏の前身集団が伊勢に移住したとすれば、遷座は両者の合意にもとづくものであったと考えられる。

ただ、ことはあくまで食膳奉仕であって、当初はそれほど大きな出来事とは認識されなかったのではあるまいか。外宮の鎮座のことが『日本書紀』に採られていないことも、そのあたりに原因があるように思う。外宮は、後世、内宮と同様の祭祀が執行され、「両宮」と並び称されるようになるが、藤森氏も指摘しておられるように、「外宮はあくまでも内宮のミケツ神であり、従属的な存在で」あって[41]、そうした本質的な差が『日本書紀』における創祀の記述の有無になってあらわれているのであろう[42]。

二、「与佐宮」における二神同坐説

1　神道五部書と外宮の分祀

ところで、外宮が丹後から分祀されたという伝承に関しては、いま一つ考えるべき問題がある。それは、後世、天照大神が一時丹後の与謝郡に遷御し、つづいてそこに豊受大神も天降り、二柱の神はしばらく「与佐宮《よさみのや》」に鎮座していたという伝承が語られるようになることである。

こうした伝承が記されるのは、神道五部書といわれる書物である。

よく知られているように、中世の初期から中期にかけてあらたな神道説が伊勢で提唱されるようになる。いわゆる伊勢神道である。これは、外宮の神職度会氏が説いたところから、度会神道とも呼ばれている。その教義は複雑だが、主張するところは、㈠内宮と外宮のことを同等に説き、両神格に格差をつけず、食物の神たる豊受大神をもっとも根本的な神として位置づける、㈡古典や古伝を駆使して、天照大神やその神道は我が国の開闢以来、根本的な固有のものであることを示そうとしていた、という二点に尽きる。(43)

この伊勢神道の経典ともいうべきものが、神道五部書《しんとうごぶしょ》である。『天照坐《あまてらす》伊勢《いせ》二所《にしょ》皇太神宮《こうたいじんぐう》御鎮座《ごちんざ》次第記《しだいき》』(『御鎮座次第記』)・『伊勢《いせ》二所《にしょ》皇太神宮《こうたいじんぐう》御鎮座《ごちんざ》伝記《でんき》』(『御鎮座伝記』)・『豊受《とようけ》皇太神宮《こうたいじんぐう》御鎮座《ごちんざ》本記《ほんき》』(『御鎮座本記』)・『造《ぞう》伊勢《いせ》二所《にしょ》太神宮《だいじんぐう》宝基《ほうき》本記《ほんぎ》』(『宝基本記』)・『倭姫命《やまとひめのみこと》世記《せいき》』(「倭姫命世記紀」とも書く)の五つである(どれも短い本だが、書名は長いものが多いので、以下は、括弧のなかの略称を採用)。それぞれに「あとがき」があり、古いものでは『御鎮座次第記』『御鎮座本紀』のように継体天皇朝に書かれたと記されているが、これは信用できない。吉見幸和が『五部書説弁』において喝破したように、五部書はあきらかに後人による偽託の書で、建治・弘安(一二七五〜一二八八)ごろ度会行忠の手になったものと推測されている。(44)

ただ、五部書は同時に出来たものでなく、『宝基本記』がもっとも古いようである。久保田収氏によれば、その五部書の先後関係と相互の影響はおおよそつぎのとおりである。(45)

宝基本記
　倭姫命世記
御鎮座伝記
　御鎮座本記
　御鎮座次第記

古くは『御鎮座伝記』『御鎮座本記』『御鎮座次第記』を「神宮三部書」という呼称もあったようであるが、後年、これらを一括して「神道五部書」と称するようになった。

もっとも成立がはやいとみられる『宝基本記』には、天照大神が「与佐宮」に鎮座していたことはみえないが、外宮の鎮座については、つぎにあげるような、『止由気宮儀式帳』や『太神宮諸雑事記』と似た所伝を載せている。

泊瀬朝倉宮御宇廿一年丁巳。依二皇太神御託宣一天。明戊午歳秋七月七日。以二大佐佐命一天。従二丹後国与謝郡比治山頂魚井原一。奉レ迎二等由気皇太神一。即山田原乃霊地乃下都磐根爾。大宮柱広敷立弖。高天原爾千木高知弖。称辞定奉留。其後。重御託宣称。我祭奉レ仕之時。先可レ奉レ祭二止由気太神宮一也。然後。我宮祭事可二勤仕一也。因レ茲。諸祭事以二止由気宮一為レ先。検二定神宝一。更定二置神地・神戸一弖。二所皇太神宮・伴神相殿神乃朝大御饌、夕大御饌乎。日別斎敬供二進之一。随二天神地祇之訓一。土師物忌取二宇仁之波迩一。造二神器并天平瓮一。敬二祭諸神一。宮別。天平瓮八十口。柱本并諸木本置レ之。天照太神宮・等由気太神宮。別八百口。荒祭・高宮・月夜宮・伊佐波宮・瀧原宮・斎内親王坐礒宮。別八十口進レ之。是則天下泰平之吉瑞。諸神納受宝器也。

（以下、神道五部書の原文は、『神道大系』論説編伊勢神道（上）〈神道大系編纂会、平成五年七月〉による）

天照大神が「我が祭仕へ奉る時は、先づ止由気太神宮を祭り奉るべきなり。然る後に、我が宮の祭事をば勤め仕ふべきなり」と託宣されたことは、外宮先祭の故事を踏まえたものとはいえ、外宮の祭神である豊受大神を重んじる伊勢神道の基本姿勢がよくあらわしている。

さて、『宝基本記』の段階では、天照大神が一時的に「与佐宮」に鎮座し、しかも豊受大神も同坐していたという伝承はみえないが、やがてそうした所伝が語られるようになる。たとえは、『宝基本記』につぐ『倭姫命世記』には、崇神天皇朝のこととして、

卅九年壬戌。遷二幸但波乃吉佐宮一。積二四年一奉レ斎。従レ此更倭国求給。此歳。豊宇介神。天降坐奉二御饗一。

とあり、さらに崇神天皇四十三年に倭国伊豆嘉志本宮には遷ったとあり、その後も垂仁天皇朝にかけて各地に遷御したあと、垂仁天皇二十六年に五十鈴河上に遷御したと記している。そして、同書は、その後、雄略天皇二十一年のこととして、「与佐宮」から豊受大神を伊勢に遷座したことを記述する。

泊瀬朝倉宮大泊瀬稚武天皇即位廿一年丁巳冬十月。倭姫命夢教覚給久。「皇太神吾一所耳坐波。御饌毛安不二聞食一。丹波国与佐之小見比治之魚井原坐。道主子八乎止女乃斎奉。御饌都神止由居太神乎。我坐国止欲止。」誨覚給支。尓時。大若子命乎差レ使。朝廷仁令二参上一天。御夢状令レ申給支。即天皇勅。「汝大若子。使罷往天布理奉。」宣支。故率二手置帆負・彦狭知二神之裔一。以二斎斧・斎鉏等一。始採二山材一。構二立宝殿一而。明年戊午秋七月七日。以二大佐佐命一天。従二丹波国余佐郡真井原一志天。奉レ迎二止由気皇太神一。度会山田原乃下都磐根爾。大宮柱広敷立弖。高天原仁千木高知弖鎮定座止。称辞定奉利。奉レ饗利。神賀告詞白賜倍利。又検二納神宝一。卜二兵器一為二神幣一。更定二神地・神戸一弖。二所皇太神宮乃朝大御饌・夕大御饌乎。日別斎敬供二進之一。又随二天神之訓一。土師物忌乎定置。取二宇仁之波迩一。造二天平瓮八十枚一天。敬二祭諸宮一。又皇太神第一摂神。荒魂多

賀宮乎波。豊受太神宮仁奉二副従一給者也。又依二勅宣一。以二大佐佐命一兼二行二所太神宮大神主職一仕奉。又丹波道主命子。始奉二物忌一御飯炊満供二進之一。御炊物忌。是也。又須佐乃乎命御霊。道主貴社定。粟御子神社座。是也。又大若子命社定。大間社。是也。宇多大宇祢奈命祖父。天見通命社定。田辺氏神社。是也。惣此御宇仁。摂社四十四前崇祭之。

爰。皇太神重託宣久。「吾祭奉仕之時。先可レ奉レ祭二止由気太神宮一也。然後。我宮祭事可二勤仕一也。」故則諸祭事。以二此宮一為レ先也。亦皇太神託宣久。「其造宮之制者。柱則高太。板則広厚礼。是皇天之昌運。国家之洪啓古止波。宜レ助二神器之大造一奈利。」即承二皇天之厳命一天。移二日小宮之宝基一。造二伊勢両宮一焉。

つぎに、『御鎮座伝記』にも、

御間城入彦五十瓊殖天皇卅九年壬戌。天照大神乎遷二幸但波乃吉佐宮一。積二四年一奉レ斎。今歳。止由気之皇神天降坐天。合レ明斎レ徳給。如二天小宮之義一志天。一処雙坐須。于時。和久産巣日神子。豊宇気姫命。稲霊神也。奉レ備二御神酒一。今世謂二丹後国竹野郡奈具社座豊宇賀能売神一是也。亦元是天女。昇女・姮娥。謂従二月天之紫微宮一天降坐天女。是也。亦丹波道主貴。素戔鳴尊孫。御子神是也。粟奉レ備二朝大御食・夕大御気一奉レ仕矣。其功已辞竟天。止由気太神復二上高天原一支。此処仁志天。以二白銅宝鏡一弖。道主貴・八小男童・天日別命崇祭奉焉。

とあり、天照大神の吉佐宮鎮座と豊受大神の同坐を伝えている。さらに、同書によれば、天照大神は、垂仁天皇二十五年三月に伊勢国の飯野高宮から伊蘇宮に遷幸し、最終的に、朝廷御宇廿六年丁巳の秋九月の甲子に、「宇遅の五十鈴河上に遷し奉り鎮座せしめ」たという。なお、同書は、豊受大神の伊勢鎮座経緯についても詳しく記しているが、これは、『倭姫命世記』とほぼ同じなので、ここでは省略にしたがう。

つぎに、『御鎮座本記』であるが、ここには吉佐宮遷座の経緯についてさらに詳細な記載がみえている。

御間城入彦五十瓊殖天皇卅九年壬戌。天照太神遷二幸但波乃吉佐宮一。今歳。止由気之皇太神結二幽契一。天降居。于時。大御食津臣命・建御倉命中臣祖也。・屋船命草木霊。今号二度相郡坐清野井庭神社一也。・宇賀之御魂稲女神今号二小俣神社一也。・宇須乃女神五穀霊。号二宇須野社一也。・須麻留売神今号二須麻留売社一是也。・宇賀乃大土御祖神素盞嗚尊子也。度相山田原地護神。・若雷神今世号二北御門大明神一是也。・彦国見賀岐建与来命号二度相国見神社一也。・天日起命伊勢大神主祖神也。・振魂命玉串大内人祖。相従以戻止矣。爾時。天照皇太神与二止由気皇太神一合レ明斉レ徳居焉。如二天上之儀一。一処雙座焉。和久産巣日神子豊宇賀能売命屋船稲霊神也。生二五穀一。而善醸レ酒。奉二御饗一。御炊神氷沼道主。素盞嗚尊孫也。亦名二粟御子神一。今世号二御炊物忌一其縁也。率二四九三十六竃神一。而朝大御気・夕大御気於炊備天。奉二御饗一留。丹波道主貴大日日天皇之子彦坐王子也。今世号二大物忌子一其縁也。為二御杖代一天志。品物備二貯之百机一。而奉二神嘗一焉。諸神所レ作祭レ神之物。五穀既成。百姓饒矣。其功已辞竟天。天照太神伊勢国爾向幸給。止由気太神復二昇高天原一天。日之小宮座。于時。以二吾天津水影乃宝鏡。留二居吉佐宮一給。天地開闢之降。雖二万物已備一。而莫レ照二於混沌之元一。因レ茲。万物之化。若レ存若レ亡。而下下来来。自不レ尊。于時。国常立尊所レ化神。汎二刑於天津水影一。以二天御量事一。真経津宝鏡三面鋳表。寔是自然之霊物。天地感応。當二此時一神明之道明。而天文地理。以自存者也。故鏡作神名号二天鏡神一其縁也。即起二樹天津神籬於魚井原一。秘二蔵黄金樋代一天。道主貴八小童天日起命・豊宇賀能売命。備二御饌一奉レ斎焉。于時。高貴大神勅宣。以二皇孫命霊一。宜レ崇二大祖止由気皇太神乃前社。云云。仍為二相殿神一座。霊形鏡坐也。皇孫命金鏡也。

同書の後文には「纏向珠城宮御宇廿六年丁巳の冬十月の甲子に、天照太神、但坡の吉佐宮より度相に遷し奉り、宇治の五十鈴の河上にて鎮り居す」とあり、「与佐宮」から直接伊勢に遷座したと記されており、このあたりが『倭姫命世記』『御鎮座伝記』とは異なっている。

なお、この『御鎮座本記』は、外宮の由来を説くことを主眼におく書物だけあって、その鎮座については、かなり詳細に記している。その全文は、以下のとおり。

泊瀬朝倉宮御宇廿一年丁巳十月朔。倭姫命夢教覚給久。皇太神吾如二天之小宮坐一爾。天下弖毛一所耳坐爪。御饌毛安不レ聞爪。丹波国与佐之小見比治之魚井之原坐。道主子八乎止女乃奉レ斎。御饌都神是止由気太神者。水気元神坐。千変万化。受二一水之徳一。生二続命之術一。故名二御饌都神一也。亦古語。水道曰二御饌都神一也。天照太神与二止由気太神一二所雙御座之時。陪従諸神等奉二御饗一。其縁也。亦止由気皇太神乎。我坐国欲度誨覚給支。爾時。大若子命一名大幡主命。御間神社是也。差レ使弖。朝廷爾御夢之状乎令レ言給支。即天皇祥御夢。則天皇今日相夢矣。汝大若子使罷往天。布理奉。宣支。今歳。物部八十氏之人等。率二手置帆負・彦狭知二神之裔一。以二斎斧・斎鉏等一。始採二山材一天。随二神教一。度相山田原乃地形広大。亦麗。於二是地一。大田命以二金石一天。下津底根爾敷立天。構二立宝殿一弖。明年戊午秋七月七日。以二大佐佐命一奉二布理一留。共従神。中臣祖大御食津命坐二度相郡一。号二御食社一。・小和志理命・事代命・佐部支命・御倉命・屋和古命・野古命・乙乃古命・河上命・建御倉命・興魂命。各前後左右爾相副従奉レ仕。大佐佐命・小和志理命。奉レ戴二正体一。興魂命・道主貴。奉レ戴二相殿神一。駈二仙蹕一比。錦蓋覆・日縄曳・天御翳・日御翳。屏奉行幸。爾時。若雷神。天之八重雲乎四方爾薄靡天。為二御垣一天。従二丹波国吉佐宮一遷二幸倭国宇太乃宮一。御一宿坐。次伊賀国穴穂宮。御二宿坐。于時。朝夕御饌。箕造竹原。並箕藤黒葛生所三百六十町。亦年魚取淵梁作瀬一処。亦御栗栖三町。国造等貢進。仍二所皇太神之朝大御気・夕大御気之料所爾定給支。次伊勢国鈴鹿神戸。御一宿。次山辺行宮。御一宿。今号二壱志郡新家村一是也。次遷二幸渡相沼木平尾一。興于行宮一天三箇月坐焉。号二爾処一天名二離宮一也。夜夜天人降臨而供二神楽一。今世号二豊明一其縁也。来目命裔屯倉男女。小男童神。宴焉。戊午秋九月望。従二離宮一遷二幸山田原之新殿一。奉レ鎮二御船代・御樋代之内一。樋代則天小宮之日座儀也。故謂二天御蔭・日御蔭登隠坐一祝言縁也。船代則謂二天材木屋船之霊一。故瑞舎名号二屋船一縁也。天御翳・日御翳隠坐。古語也。以二天衣一奉レ餝レ之。如二日小宮儀一也。

ちなみに、最後に出たとされる『御鎮座次第記』では、天照大神の「与佐宮」鎮座とその後の豊受大神の遷座について、連続してつぎのような記事を掲げている。

御間城入彦五十瓊殖天皇卅九歳壬戌。天照皇太神遷二幸于但波乃吉佐宮一。積レ年。爾時。止由気之皇神天降坐天。合レ明斉レ徳給。如二天小宮之義志弖一処雙座。
泊瀬朝倉宮御宇天皇廿一年丁巳冬十月一日。倭姫命夢教覚給久。皇太神吾如二天之小宮坐一爾。天下仁志天毛一所耳
坐爪。御饌毛安不レ聞爪。丹波国与佐之小見比治之魚井之原坐道主貴乃斎奉御饌都神止由居皇太神乎。我坐国欲
度誨覚給支。爾時。大若子命差レ使弖。朝廷爾令レ言給弖。構二立宝殿一弖。明年戊午秋七月七日。以二大佐佐
命一弖。従二丹波国余佐郡真井原一志弖奉レ迎二止由居皇太神度遇之山田原一斎奉焉。御霊形鏡坐也。天地開闢之
後。雖二万物已備一。而莫レ昭二於混沌之前一。因レ茲。万物之化。若レ存若レ亡。而下下来来。自不レ尊。爾時。
国常立尊所レ化神。以二天津御量事一天。三面乃真経津乃宝鏡鋳顕給倍利。故名曰二天鏡尊一。爾時。神明之道明現。
而天文地理宜レ存矣。彼三面宝鏡内。第一御鏡是也。円形坐。奉レ蔵二黄金樋代一焉。

以上、五部書の記載をやや詳しく紹介したが、これをみればあきらかなように、『宝基本記』以外の四書には、記述に出入りはあるものの、天照大神が一時的に「与佐宮」に鎮座し、豊受大神と同所に祀られていたことが記されているのである。

ちなみに、『古事記』上巻の天孫降臨の段には「次に登由宇気神。此は外宮の度相に坐す神なり」とあって、日子番能邇々藝命の降臨に随行した神々のなかに登由宇気神がみえている。しかし、このことは、神道五部書でもまったく取り上げられていない。五部書がこれを採らないのは、おそらく、豊受大神が崇神天皇朝に「与佐宮」に天降るという記述に牴触するからであろう。(46)

2　豊受大神と与謝郡

ところで、こうした伝承を読むと、いくつかの疑問が浮かぶ。

まず不審なのは、天照大神の巡幸譚自体は古伝であるにしても、「与佐宮」に遷御したということは『日本書紀』や『皇大神宮儀式帳』のような古い記録にはみえないという点である。また、豊受大神が「与謝郡」ないしは「与佐宮」に鎮座していたという伝承も、神道五部書独自の所伝である。『宝基本記』は二神同坐にはふれていないが、それでも「大佐佐命を以て、丹後国の与謝郡の比沼山の頂の魚井原より、等由気皇太神を奉迎す」と記している。[47]

豊受大神が丹後から遷されたことは間違いないにしても、その故地については『止由気宮儀式帳』にも「丹波国比治の真奈井に坐す我が御饌神」とあるのみで、「与謝郡」とは記していない。「丹波国比治の真奈井」といえば、『丹後国風土記』逸文、比治の真奈井・奈具の社条に「丹後国丹波郡。郡家の西北の隅の方に比治里有り。此の里の比治山の頂に井有り。其の名を麻奈井と云う」とあるように、丹波郡の地名である。延喜式内社の比治麻奈為《ひじまない》神社《じんじゃ》がその故地として有力視されることは、周知のとおりである。

ところが、五部書では比治山の所在を「与謝郡」と書く。これは、実際の地理と合致しないのだが、なにゆえ、こうした齟齬が生じたのであろうか。

従来の研究は、この点をほとんど問題にしていない。[48]わずかに、吉田東伍氏が、その著『増補大日本地名辞書』第三巻（冨山房、昭和四十五年十二月）において「惟ふに与謝はもと海湾の名にして、之を陸上に広及し、今の丹後の域内皆与謝の名に総べられしごとし」（四三頁「与謝郡」の項）とか、「此地〔丹波郡〕又与謝に近かりければ、与佐とも唱へしごとし」（五二頁「中郡」の項）のべるのみである。[49]

しかしながら、この解釈は根拠に乏しい。[50] この地方では、丹波郡にある「丹波」という地名が、この地を支配していた丹波直氏の勢力拡大とともに広い範囲を指すようになり、ついには国名にまでなったことはよく知られているが、「与謝」という地名が広範囲に拡大したという事実は確認できない。

比治が与謝郡と丹波郡の境界附近の地名だというなら、所属の郡を取り違えることもあったであろう。しかし、比治は現在の京丹後市峰山町の久次（現在は「ひさつぎ」であるが、もとは「ひじ」と読んだと思われる）に比定されるように、丹波郡でもむしろ西の熊野郡との境に近い。さきの『丹後国風土記』逸文にも、比治里は「郡家の西北の隅方」と記されている。丹波郡家の所在地は明確でないが、おそらくは郡内の中心地丹波郷にあったと推測されるので、ここを起点とすれば、比治は与謝郡とは逆の方角になる。それゆえ、これを与謝郡にふくめるのは無理がある。

では、五部書では、なにゆえ豊受大神の故地を与謝郡と記すのであろうか。

卑見によれば、これは、前述の伊勢神道の思想と関係があると思われる。さきに紹介したように、『宝基本記』を除く神道五部書には、天照大神は伊勢に遷座するまえに、一時「与佐宮」に遷御し、豊受大神もそこに鎮座していたとする所伝が載せられている。こうした二神同坐の言い伝えは、外宮の祭神を内宮のそれと同格に扱おうとする意図から出たものに相違なく、おそらくは外宮に奉仕する度会氏やその同族の海部直氏が言い出したことであろう（後述参照）。

ならば、それが「与佐宮」、すなわち与謝郡において実現したとされるのは、いかなる理由によるものか。

これも難解だが、卑見によれば、後述の、度会氏の祖先が豊受大神にしたがって丹後から伊勢に移り住んだという伝承と関係があるように思う。

外宮祠官の祖先にあたる大佐佐命が丹波から豊受大神を伊勢に奉迎したことは、『豊受太神宮禰宜補任次第』(51)（以下、『補任次第』と略す）やこれを踏襲したとみられる流布本系の『度会氏系図』（『度会系図』とも）(52)にもみえている。たとえば、『補任次第』には、

大佐々命。雄略天皇御宇二所太神宮大神主。
右命。彦和志理命第二子也。
雄略天皇二十一年丁巳。依二皇太神宮御託宣一天。等由気太神乎。従二丹波国与佐郡真丹原一利。大佐々命乎為レ使天。奉二迎伊勢国山田原一爾鎮座。今豊受太神宮是也。大長谷天皇御夢爾誨覚賜天奉レ迎之。見二儀式帳一。

とあり、大佐々古命を使者として、豊受大神を丹波国与佐郡の真丹原から伊勢に奉迎したことが記されている（後述の流布本『度会氏系図』の彼の譜文にも、ほぼ同文）。

しかし、よく考えると、これはおかしい。これだと、度会氏の祖先が大神の奉迎のために伊勢から丹波に出向いたことになり、彼らは豊受大神宮鎮座以前から伊勢にいたことになる。ところが、そうした事実は、『補任次第』や『度会氏系図』以外の史料では確認できないのである。

そもそも、この『補任次第』や『度会氏系図』の古い部分にはおかしなところがある。たとえば、これら二書は、大佐佐命を「雄略天皇御宇二所太神宮大神主」とするいっぽうで、彼の叔父にあたる御倉命が清寧天皇朝に、兄の佐布友命（佐倍支命）が顕宗天皇朝にそれぞれ「二所太神宮大神主」だったとしている。しかし、これでは、雄略・

清寧・顕宗天皇朝に本人→叔父→兄の順で大神主を継承したことになり、平仄が合わない。[53]

また、『度会氏系図』では、度会氏が天御中主尊やその十四世孫の天日別命に連なる系譜をもつことを記している。天日別命を天御中主尊の子孫とするのは、『釈日本紀』所引の『伊勢国風土記』逸文にもみえる古伝だが、天御中主尊や天日別命が度会氏の祖先かどうかは吟味の餘地がある。げんに『補任次第』では、始祖を天御中主尊ではなく、国常立尊と記している。

『新撰姓氏録』左京神別下には「伊勢朝臣。天底立命の孫天日別命の後なり」とあって、伊勢直（朝臣）氏を天日別命の後裔と記すが、同氏と度会氏の関係は定かではない。伊勢直氏が中臣氏と擬制的同族関係を結んでいたことは認められるが、[54]度会氏との関係となると、神宮側の所伝以外にそれを語るものはない。それゆえ、『補任次第』や『度会氏系図』が、祖先を天日別命とする記述も鵜呑みにするわけにはいかないのである。[55]

なお、『度会氏系図』が天御中主尊を始祖としていることも、豊受大神を天御中主尊と同一視する伊勢神道の思想と無関係だとは思われず、そこには作為性が感じられる。

3　『尾張氏系図』をめぐって

こうしてみていくと、『補任次第』や『度会氏系図』にみえる大佐佐命の譜文も額面どおり受け取ることはできないのであって、別系統の史料によってこれらを検証する必要がある。そこで、筆者が注目するのは、右の系譜と関係が深い『尾張氏系図』である。

これは、宝賀氏が紹介された新史料で、宮内庁書陵部所蔵の『尾張氏系図』である。[56]一冊本（請求番号　図書寮一

九九一四　一冊　二七〇—二九四）の横系図の形式の系譜で、題簽には、

尾張氏副田佐橋雄田系図

橘　氏岩室山中大平系図　全

と記されている。大きさは縦二三・八センチ、横一六・九センチで、巻頭に一丁白紙があり、墨付は二十四丁。一丁オには、「角田忠行」の丸印、「帝室圖書」「圖書寮編輯課」の角印がある。二十四丁のうち、尾張氏系図の部分は八丁、これに尾張氏の支族である『副田系図』『佐橋系図』『押田系図』がつづくが、それらはいずれも簡略である。

写本自体はそれほど古いものではないが、記載事項をみると、たとえば、

①建筒草命の系統に「大日御足尼」「忍巴理足尼命」「屋主足尼」など宿禰の古い表記が残る。

②「多々見連」の譜文に「年魚市評督」「板蓋宮朝供奉評督」など「評督」の記載がある。

③牧夫連以下の人物の譜文に「大智」「小山上」「大乙上」など古い冠位の記載がある。

といった、古い所伝にもとづく記載が随所にみられる。

ただ、この系図については、尾張氏系図の巻末部分に、

右　旧事記及津守宿禰尾治宿禰丹波宿禰度会神主石部直丹比宿禰并玉置系譜等参照編纂スル所也

とあるように、『先代旧事本紀』所載の尾張氏系譜を中心としつつも、それ以外の情報を加筆したり、同族の系譜を繋ぎ合わせたものとみられる（図2参照）。

ここで取り上げる度会氏関聯の部分も、尾張氏十一代の淡夜別命から枝分れする形で、系譜的記載が広がっており、あきらかにべつの系譜を接いだものである。おそらく、巻末記に云う「丹波宿禰系譜」を接合したのであろう。

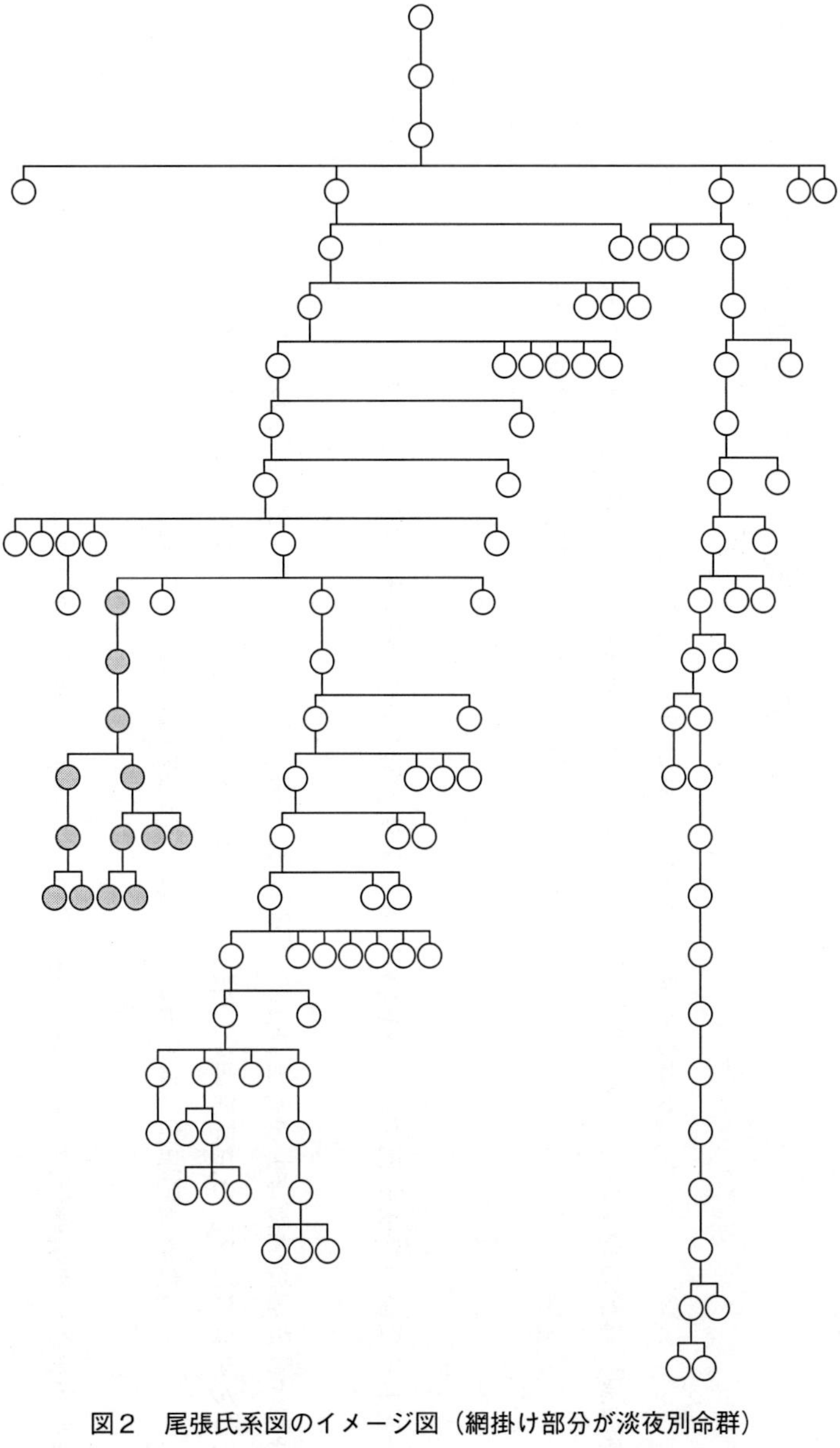

図２　尾張氏系図のイメージ図（網掛け部分が淡夜別命群）

『尾張氏系図』が利用した原資料が確認できない現状では、系図の編纂者が淡夜別命を介して尾張氏の系譜と丹波氏のそれを結びつけた明確な理由はわからない。

しかし、『尾張氏系図』では淡夜別命は建田背命の四世孫であり、この建田背命は、『先代旧事本紀』巻第五「天孫本紀」の尾張氏系譜に、

〔天照国照彦天火明櫛玉饒速日尊〕六世孫建田背命。神服連。海部直。丹波国造。但馬国造等祖。

とみえる人物である。ここに建田背命を丹波国造の祖としている以上、尾張氏と丹波直氏のあいだにはなんらかの関係があったとみてよい。『諸系譜』第一冊ノ三所収の『尾張宿禰系図』に淡夜別命を「丹波国造等祖」と記すものがあることも、これを裏づけている。

そもそも、尾張連氏は、丹後の丹波直氏・海部直氏とは関係が深かったようで、『先代旧事本紀』巻第十「国造本紀」にも、

丹波国造。

志賀高穴穂朝御世。尾張同祖。建稲種命四世孫大倉岐命定二賜国造一。

とみえている[57]。「国造本紀」の記載についてはなお考えるべき点があるが、建稲種命・大倉岐命の名は『尾張氏系図』にもみえており、尾張氏と丹波直氏の関係は古くから語られていたと考えられる。

4　『尾張氏系図・淡夜別命群』と『度会氏系図』

以上のように、『尾張氏系図』の淡夜別命以下の系統（便宜上、これを『尾張氏系図・淡夜別命群』と表記）が「丹波

宿禰系譜」から出たものだとすると、つぎに、これを『補任次第』『度会氏系図』の記載と比較してみる必要がある。

まず、『補任次第』『度会氏系図』のほうだが、垂仁朝の初代大神主と称する大若子命以後四門分派以前の記述には兄弟相続が多く、しかも、大若子・乙若子など対になった人名が少なくないことなどから、古体を留めていると考えられている。(58) また、いっぽうの『尾張氏系図・淡夜別命群』も、人物名（彦和志理命と彦和志理命、小和志命と小和志直、小佐佐布命と佐布古直、阿波良岐命と阿波良古直、御倉命と御倉古直、大佐佐命と大佐佐古命）やその続柄が『度会氏系図』に酷似しているので（図３・４参照）、そこに『補任次第』『度会氏系図』と同様の史料的価値を見出すことができる。

ただ、両者のあいだにいくつかの相違点がある。たとえば、『尾張氏系図・淡夜別命群』には、つぎのような記載がある。

(a)大佐々古直　石部直度会神主等祖

泊瀬朝倉宮朝廿二年七月。自丹波国真井原。豊受大神供奉。初奉遷伊勢度遇之山田原。

この大佐々古直は、『度会氏系図』にみえる「大佐佐命」に相当する人物だが、『度会氏系図』の大佐佐命の譜文には、

(b)二男。雄略天皇御宇二所大神宮大神主。天皇廿一年丁巳。依皇大神宮復託宣等由気太神ヲ従丹波国与佐郡真丹原。大佐佐命ヲ為使テ奉迎伊勢国山田原ニ鎮座。今豊受太神宮是也。

とあって（『補任次第』の「大佐佐命」のところの記載とほぼ一致）、かならずしも一致しない。

まず、(a)には「石部直度会神主等祖」の記載があるが、(b)にはこれがない。つぎに、(a)は「泊瀬朝倉宮朝廿二年」と記すが、(b)は「天皇廿一年丁巳」として、託宣の年を採用している。さらに、天皇の表記についても、(a)が「泊

図3　度会氏系図（略表記）

・天御中主尊――（十一代略）――天牟羅雲命――天波与命――天日別命――（三代略）――彦久良為命

- 大若子命（前略）垂仁天皇即位廿五年丙辰。皇大神宮鎮座伊勢国五十鈴河上宮之時。為大神主
- 乙若子命　景行成務仲哀三代御母。大神主仕奉。
  - 爾佐布命　一男。神功応神両代大神主
    - 彦和志理命　一男。履中天皇御宇大神主
      - 阿波良波命　安康天皇御宇大神主
        - 佐布友命　一男。顕宗天皇御宇二所太神宮大神主
        - 大佐佐命　二男。雄略天皇御宇二所大神宮大神主。天皇廿一年丁巳。依皇大神復託宣等。田気太神ヲ従丹波国与佐郡真丹原。大佐佐命ヲ為使テ。奉迎伊勢国山田原ニ鎮座。今豊受太神宮是也。
        - 野古命　三男。或書云。乃々古命。仁賢天皇御宇二所太神宮大神主
        - 乙乃子命　四男。武烈天皇御宇二所太神宮大神主。此命生四男。別四門。各賜石部姓。
          - 爾波　一男。一門。（下略）
          - 飛鳥　二男。二門。（下略）
          - 水通　三男。三門。（下略）
          - 小事　四男。四門。（下略）
      - 御倉命　三男。允恭天皇御宇大神主
    - 小和志理命　二男。反正天皇御宇大神主
    - 事代命　三男。允恭天皇御宇大神主
  - 小爾佐布命　二男。仁徳天皇御宇大神主

図4　尾張氏系図（抜粋）

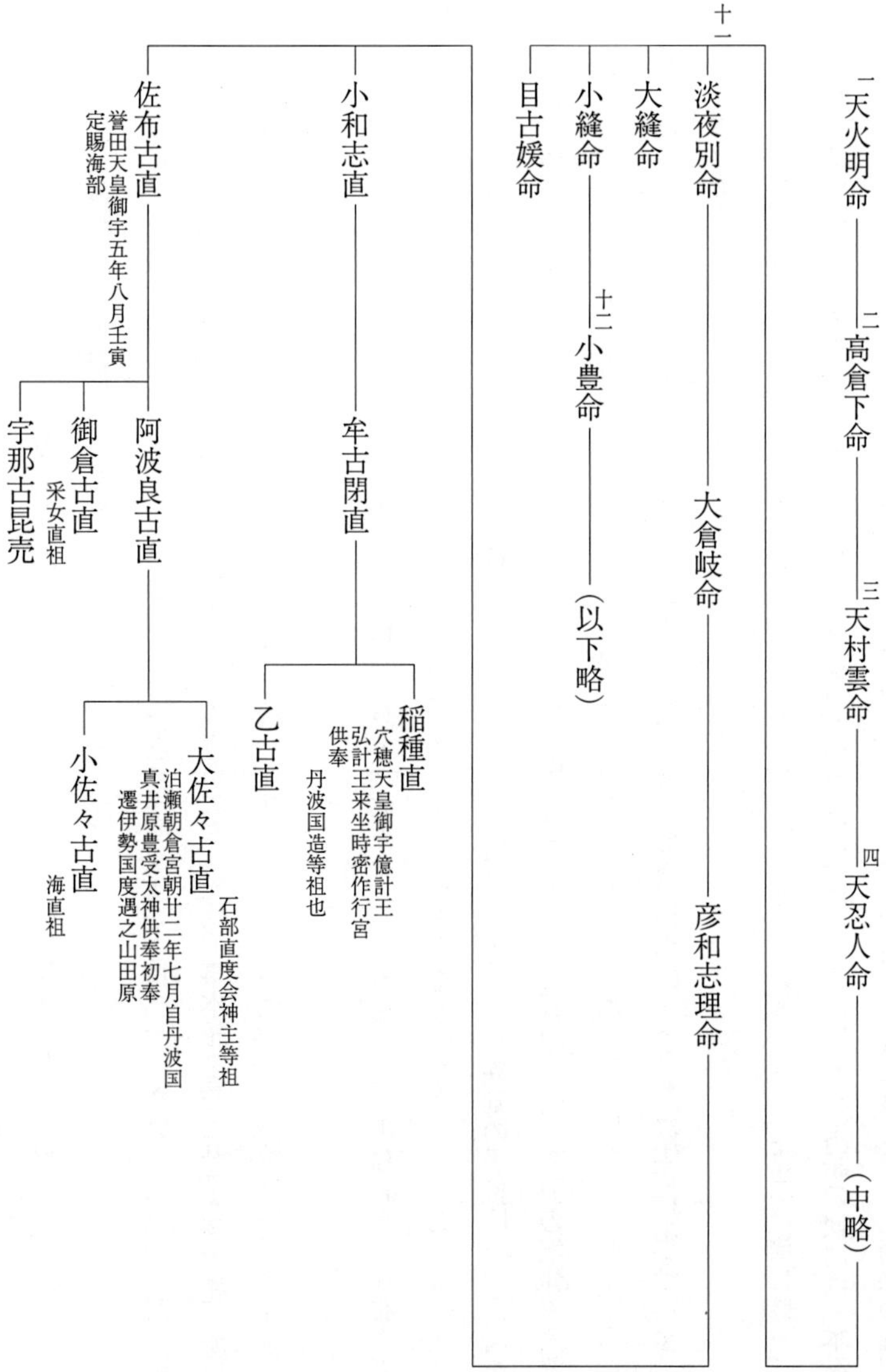
一 天火明命
二 高倉下命
三 天村雲命
四 天忍人命
（中略）
十一
淡夜別命
大縫命
小縫命
目古媛命
大倉岐命
彦和志理命
十二 小豊命
（以下略）
小和志直
牟古閉直
稲種直
穴穂天皇御宇億計王弘計王来坐時密作行宮供奉
丹波国造等祖也
乙古直
佐布古直
誉田天皇御宇五年八月壬寅定賜海部
阿波良古直
御倉古直
采女直祖
宇那古昆売
大佐々古直
石部直度会神主等祖
泊瀬朝倉宮朝廿二年七月自丹波国真井原豊受太神供奉初奉遷伊勢国度遇之山田原
小佐々古直
海直祖

瀬朝倉宮朝」としているのに対し、(b)は、「雄略天皇御宇」と漢風諡号を用いている。(a)では、これ以外にも「穴穂天皇」「誉田天皇」という表記があるが、(b)ではそれらはすべて漢風諡号で記されている。ならば、(a)・(b)いずれが原資料の面影を伝えているのだろうか。

前述のように、『尾張氏系図・淡夜別命群』は天皇名の表記に漢風諡号を用いていない。天皇の表記に国風諡号を用いる例は、『住吉大社神代記』の「船木等本記」所引の古系図や『先代旧事本紀』巻第五「天孫本紀」所引の「尾張氏系図」にも共通の特徴である。ゆえに、漢風諡号で統一された『度会氏系図』より『尾張氏系図・淡夜別命群』のほうが古いと云える。

さらに、人物名においても、完全に一致する彦和志理命・大佐佐命の二人を除くと、小和志直・佐布古直・阿波良古直・御倉古直など、『尾張氏系図・淡夜別命群』のほうは「直」のカバネを用いている。「命」は、氏族系図においては一般的な敬称でそれ自体は怪しむに足りないが、稲荷山古墳出土の辛亥銘鉄剣の乎獲居臣の系譜をはじめとして、右にあげた「船木等本記」や「天孫本紀」、さらには『釈日本紀』「上宮記一云」所引の継体天皇関係系譜や『和気氏系図』をみても、古い系図では「直」「連」「足尼（宿禰）」「別（獲居）」といったカバネ、ないしは尊称を附した例が多いのであって、同じ人物を「命」で表記する『度会氏系図』よりも『尾張氏系図・淡夜別命群』のほうが古体を留めていると考えられる。(59)

さらにいま一つ、稲種直・大佐々古直のところにみえる「供奉」の用語も注意すべきである。溝口睦子氏が指摘しておられるように、(60)「供奉」は成立の遅い系譜にはないものである。氏によれば、この用語の使用は「本系にとって系譜作製の目的が、単なる個人的な先祖への関心にあったのではなく、何よりも天皇との主従関係の確認や、天皇を中心とする共同社会（支配者共同体）への参加の確認であったことを物語っている」というが、こうした用語が『補任次第』や『度会氏系図』にみえないことは、『尾張氏系図・淡夜別命群』のほうが古い表記を伝えていることの証しとなろう。

5　度会氏移住説

以上の点から、筆者は、ともに度会氏の祖先ついて記す系図でありながら、『尾張氏系図・淡夜別命群』のほうが『補任次第』や『度会氏系図』より原系図に近いと考えている。

この推測が的を射たものだとするると、(b)では、大佐々古命が豊受大神を丹波国から伊勢に奉迎したとされる箇所が、(a)では、大佐々古直が伊勢から豊受大神に供奉し、丹波から伊勢に移ったと記される点が、あらためて注目される。

一般には(b)の記述によって、度会氏の祖先が伊勢から丹波に出向き豊受大神を奉迎したと考える研究者が多いが、しかし、豊受大神が丹後から分遷したとすれば、現地においてその神をお祀りしていた人々が同行したとみるほうが、むしろ自然である。度会氏を伊勢の土着の豪族とみて、外宮をその守護神とする説[61]は現在でも有力な学説であるが、この系譜によるかぎり、むしろ、大佐々古直（大佐佐命）に象徴される、度会氏の前身集団が、豊受大神に同伴して丹波から伊勢に移住したとみるべきではあるまいか。

『尾張氏系図・淡夜別命群』の大佐々古直の譜文には度会神主の祖とあるが、この記述こそ、外宮祠官としての度会氏の起源を正しく伝えているように思う。『補任次第』や『度会氏系図』では、大佐佐命以前から「二所太神宮大神主」「大神主」として神宮に奉仕していたかのような書きぶりだが、こうした記載は『尾張氏系図・淡夜別命群』には一切なく、本来の系譜の記述だとは考えがたい。これも、やはり、度会氏が豊受大神宮の鎮座以前から神宮祭祀を掌ってきたようにみせかけるための操作ないしは改竄ではないかと思う。(62)

ちなみに、『尾張氏系図・淡夜別命群』には注目すべき点がほかにもある。それは、大佐々古直の二代前の佐布古直の代に（『尾張氏系図』はこれを応神天皇朝のこととしている）海部を賜ったとあり、大佐々古直の弟小佐々古直を「海直祖」としている点である。この記載が正しければ、外宮の祠官は、その系譜を辿ると丹後の海部直氏に結びつくことになる。

鈴木眞年氏や同氏の研究を敷延した宝賀氏によれば、丹後の海直は、丹波国造の支流で海部を管掌したもので、籠神社の祠官はこの系統にあたるというが、(63)度会氏もまたその系統に属していたのである。さきに、丹後の政治集団は、海部を駆使して得た海産物をヤマト政権に貢納していたのではないかという臆説をのべたが、『尾張氏系図・淡夜別命群』は、はからずもそうした推測を裏づけていると云えよう。

なお、『尾張氏系図・淡夜別命群』では、大佐々古直は石部直の祖とも記されているが、これも興味深い記述である。(64)すなわち、漁撈や航海にかかわり、神宮祭祀にも深く関与していた石部（磯部）直氏が、丹後の海部直氏の流れを汲むという記述は、丹後の海部集団が度会氏とともに伊勢に移住してきたことを推測させるのである。(65)

ところで、この海部直（海直）が与謝郡を本拠とする有力豪族で、郡司の家柄であることは、よく知られている。天平十年度の「但馬国正税帳」にも与謝郡郡領として海直忍立という人物がみえている（この人物は郡司の長官であるにもかかわらず、なぜか「海部氏系図」にみえない）。宮津市に鎮座する籠神社こそは、彼ら一族が祝として奉仕してきた神社であり、「与佐宮」とされる古社なのである。このように考えていくと、天照大神が「与佐宮」へ降臨したとする伝承も、海部直氏と関係の深い度会氏の唱えはじめたことではないだろうか。

常田かおり氏によれば、海部直氏が奉斎する籠神社が丹後国内において特別な地位を得るようになるのは、神階叙位などからみて貞観以降だという[66]。神階の昇叙は、その神を奉斎する氏族の隆盛を意味するから、海部直氏は、九世紀後半からこの地を拠点に勢力を伸ばしたと考えられる。だとすると、天照大神が一時「与佐宮」へ遷座したとか、比治が与謝郡であったとかいう伝承も、海部直氏が唱えはじめた可能性が大きい。それを同族の度会氏が採用したのであろうが、いずれにしても、ここに海部直氏が関している可能性が大きいと思う。

おわりに

以上、外宮鎮座の経緯とその後の伝承について考えてきた。最後に、これまでのべたことに若干の補足を交えつつ整理しておく。

外宮、豊受大神宮が雄略天皇朝に鎮座したとする伝承は、九世紀初頭に編纂された『止由気宮儀式帳』以来の渝わることのない神宮側の主張であり、これを疑う理由はとくに見当たらない。ただし、雄略天皇二十一年という年紀については、もっとも古い『止由気宮儀式帳』がそれを記さないところから判断すると、のちに附加された可能性が考えられる。

御饌神が丹後から奉迎された理由について、筆者は、小論において、丹後地方の古墳の変遷から、ヤマト政権の支配下に組み込まれた丹後政権が、服属の証しとして御饌神を差し出したのではないかという假説を提示した。食膳供奉という行為自体が一種の服属儀礼とみなしうることが一つの拠りどころだが、丹後政権による海産物の貢納は、ことによると雄略天皇朝以前からおこなわれていた可能性も考えられる。

外宮祠官として豊受大神宮に奉仕してきた度会氏は、おそらく、この遷座の際に丹後から移住してきたのであろう。『補任次第』『度会氏系図』などによれば、度会氏は、外宮鎮座以前にあっては大神主として内宮の祭祀を掌り、雄略天皇朝以降は二所太神宮大神主として二宮兼行してきたというが、これは内宮への対抗意識から出た主張であって、史実とは考えがたい。[67]天日別命の後裔を自称し、伊勢直氏の同族であるかのような系譜も、土着性を強調するための作為とみるべきである。

ただ、この場合、たんなる食膳供奉の神が、その後伊勢の地において、どのようにしてその神格を高めていったかが問題となる。これは、度会氏の勢力拡張ともかかわる重要な課題だが、小論のよくするところではないので、今後の課題としたい。

豊受大神は、本来、丹波直氏が奉斎していた神であり、その故地は丹後国丹波郡の比治の真奈井であったが（式内社の比治麻奈為神社がそれにあたると考えられるが、トヨウケ信仰は丹後全体に滲透していたとみるべきである）、神道五部書ではそれを「与謝郡の比沼山の頂の魚井原」と記している。こうした主張は、おそらく海部直氏が唱えはじめたもので、それを同族の度会氏が採用したのであろう。度会氏のねらいは、豊受大神は天照大神と同格であることを主張する点にあったが、その根拠として彼らが持ち出したのが、かつて「与佐宮」において二神が同坐していたとする伝承であった。

二神同坐の舞台を丹後に設定したのは、云うまでもなく豊受大神が丹後から遷されたという古伝が存したからにほかならないが、その舞台をあえて「与佐宮」としたのは、与謝郡が、度会氏の出身母体とも云うべき丹波直氏とその一族の海部直氏の本拠であり、そこには彼らが奉斎する籠神社（与佐宮）が鎮座していたからであろう。

豊受大神が「丹波国比治乃真奈井爾坐我御饌都神」であることは不動の古伝である。そして、それは丹波郡の比沼のことなのだが、外宮祠官たちは『止由気宮儀式帳』がとくに郡名を記していないことを幸いに、与謝郡所在の地名であるかのように語ったのである。こうした工作によって、「与佐宮」における二神同坐の話との整合をはかったと考えられる。豊受大神の鎮座地が丹波郡では、「与佐宮」での二神同坐の話と辻褄が合わなくなるからである。

このようにみていくと、『補任次第』『度会氏系図』にみえる四門分立以前の古い時代の記述は、度会氏によって大幅に改竄されたとみてよい。それゆえ、『補任次第』『度会氏系図』を拠りどころに研究を進めても、外宮鎮座の本質に迫ることにはできないであろう。[68]

筆者は、「与佐宮」遷座の伝承について、以上のような假説を立てたが、雄略天皇朝における外宮の鎮座を否定する研究者にしてみれば、それを踏まえた拙論には同意できないだろう。しかし、たとえば、外宮丹波起源説が「奈良時代になってからいい出されたもの」[69]とする岡田精司氏の説にしても、それほど説得力があるとは思えない。岡田氏の場合、内宮の鎮座を雄略天皇朝のこととしておられるので、当然のことながら、外宮が同じ時期に丹波から遷座したという伝承は認めるわけにはいかないであろう。

しかしながら、高森明勅氏が「全体にフェアでない史料操作が目につく」と明快に批判されたように、[70]岡田氏の内宮＝雄略天皇朝鎮座説には矛盾や弱点が目立つのであって、これと連動する丹波起源伝承＝奈良朝説も盤石とは云えない。その意味で、拙見も、なお成立の可能性はあると思う。

なお、小論でのべたような構想が認められるとすれば、外宮鎮座以前の伊勢において内宮の祭祀の実態について考える必要が生じてくるが、この点については稿を更めることにして、ひとまず、博雅のご批正を仰ぐ次第である。

注

（1）小論ではヤマト政権の最高首長についても、便宜的に「天皇」の称号を用いている。

（2）拙稿「内宮鎮座の時期に関する覚書」（『皇學館大学紀要』三七、平成十年十二月）ほかで詳しくのべているので、参照されたい。

（3）周知のように、丹波国は和銅五年（七一二）に丹波国と丹後国に分かれたので、「丹波」という表記が、もとの丹波国、またはそれに匹敵する領域を指すのか、分立後の丹波国を指すのか、わかりにくい。そこで小論では、分立後の「丹波国」のことを「小丹波」と記し、両者を区別することにしている。

（4）虎尾俊哉『延喜式』（吉川弘文館、昭和三十九年六月）三一～三四頁。

（5）岡田精司「伊勢神宮の起源と度会氏―外宮と度会氏を中心に―」（『日本史研究』四九、昭和三十五年七月、のち岡田氏『古代王権の祭祀と神話』〈塙書房、昭和四十五年四月〉所収）三三〇頁（引用頁数は、もっとも後出の論著のノンブルによる。以下、おなじ）。なお、外宮祭神の豊受大神を「此の地方の地主の神」とみる説は、はやく津田敬武『神道史と宗教思想の発達』（内外書房、大正十四年二月）にみえている（六九四～六九五頁）。

（6）三品彰英氏によれば、記紀にしるされた干支の信頼度にしたがって、紀年研究の時代区分をおこなうと、①仲哀天皇朝以前（干支年次のまったく缺如した時代）、②神功皇后・応神天皇朝より雄略天皇朝まで（干支年次の史料価値甚だ低く、朝鮮側にのみ干支のあった時代）、③雄略天皇朝以後（干支年次の史料として使用し得る時代）、という三期にわけることができるという（「紀年新考」〈那珂通世著・三品彰英増補『増補上世年紀考』〈養徳社、昭和二十三年四月〉所収、一二六～一二七頁参照）。

（7）田中卓「外宮御鎮座の年代と意義」（『全学一体』一三〈昭和五十年十月〉、のち『瑞垣』一一三〈昭和五十年十一月〉、さらに『田中卓著作集』第四巻〈国書刊行会、昭和六十年六月〉所収）三三九頁。

（8）三浦到「丹後の古墳と古代の港」（森浩一編『同志社大学考古学シリーズ1　考古学と古代史』〈同志社大学考古学シリーズ刊行会、昭和五十七年十月〉所収）二四五頁。

(9) この点については、塚口義信「継体天皇と息長氏」（横田健一『日本書紀研究』第九冊〈塙書房、昭和五十一年六月〉所収、のち塚口氏『神功皇后伝説の研究』〈創元社、昭和五十八年四月〉所収）一七九〜一八四頁を参照。

(10) 四世紀末から五世紀初めの時期には、のちの「ウジ」の概念はまだ成立していないと考えられるので、ここで「和爾氏」と書くのは便宜的なものに過ぎない。栄原永遠男氏が『紀伊古代史研究』（思文閣出版、平成十六年十一月）において括弧附きで用いておられる「紀氏集団」「大伴氏集団」に近いニュアンスである。

(11) 岸俊男「ワニ氏に関する基礎的考察」（大阪歴史学会編『律令国家の基礎構造』〈吉川弘文館、昭和三十五年十月、のち岸氏『日本古代政治史研究』〈塙書房、昭和四十一年五月〉所収）六〇〜六六頁・加藤謙吉『ワニ氏の研究』（雄山閣出版、平成二十五年九月）一八〜三九頁。

(12) この系図はながらく一般に知られることがなく、研究も立ち遅れていた。はやい時期にこの系図を紹介したものとしては、京都府与謝郡役所編纂『京都府与謝郡誌』（京都府与謝郡役所、大正十二年十二月、のち昭和六十年臨川書店より復刻）や太田亮『日本国誌資料叢書　丹波・丹後』（磯部甲陽堂、大正十四年三月、のち昭和四十八年臨川書店より、同五十二年五月には講談社よりそれぞれ復刻）がある。また、これを対象とした研究としては、石村吉甫「籠名神社祝部氏系図」（『歴史地理』六二―三、昭和八年九月、のち石村氏『神道論』〈国書刊行会、昭和五十八年七月〉所収）・同「系図形態の変遷」（『歴史公論』八―一、昭和十四年一月、同上所収）がある。ここでは、田中卓「『海部氏系図』の校訂」（『田中卓著作集』第二巻〈国書刊行会、昭和六十一年十月〉所収）を利用。

(13) 是澤恭三「粟鹿大明神元記の研究（一）」（『日本学士院紀要』一四―三）一九三頁・同「粟鹿大明神元記に就いて」（『書陵部紀要』九）三頁、塚口義信「丹波の首長層の動向とヤマト政権の内部抗争」（洋泉社編集部編『古代史研究の最前線　古代豪族』〈洋泉社、平成二十七年九月所収、のち「初期ヤマト政権と丹波の勢力―丹波の首長層の動向とヤマト政権の内部抗争―」と改題し、補筆・修正して塚口氏『邪馬台国と初期ヤマト政権の謎を探る』〈原書房、平成二十八年十一月〉所収）二一一頁参照。

(14)加藤謙吉『ワニ氏の研究』(前掲)三六頁。

(15)後藤四郎「海部に関する若干の考察」(坂本太郎古稀記念会編『続日本古代史論集』上巻〈吉川弘文館、昭和四十七年七月〉所収)一三六頁。

(16)「国宝「海部氏系図」について」(『日本姓氏家系総覧』新人物往来社、平成三年七月〉所収)三六九頁・宝賀寿男『古代氏族系譜集成』中巻(前掲)一二六四頁。

(17)「『海部氏系図』の歴史的背景―祝と始祖の記載をめぐって―」(『日本歴史』八二二、平成二十四年十一月、のち鈴木氏『日本古代の氏族と系譜伝承』〈吉川弘文館、平成二十九年五月〉一五四～一八七頁。なお、応神天皇妃の小甂媛、反正天皇の津野媛・弟媛、雄略天皇の和珥深目の女の童女君、丸邇佐都紀臣の女袁杼比売(この女性については、和珥深目の女の童女君と同一人物とみる説もある)といった后妃が、いずれも和爾臣氏から出ていることは注目してよい。あるいは、和爾臣氏に連なる丹後の政治集団も、彼らを介して雄略天皇と繋がっていたことが想定できる。

(18)宝賀寿男『古代氏族系譜集成』中巻(古代氏族研究会、昭和六十一年四月)一二九二頁。なお、宝賀氏「国宝「海部氏系図」について」(『日本姓氏家系総覧』新人物往来社、平成三年七月〉所収)三六七～三六八頁も参照。

(19)宝賀氏は、『海部氏系図』に関する疑問点八項目にわたって指摘しつつ、海部直氏は上祖と称する天火明命以来の歴代の系譜を伝来していたが、「おそらく平安後期から中世にかけてのある時期に秘伝の系譜を滅失してしまい、そのときの氏人のおぼろげな記憶にたより復元を試みたものが、現在の海部氏系図だったのではなかろうか」と推測しておられる(「国宝「海部氏系図」について」〈前掲〉三六九頁)。

(20)これに関聯して留意しておく必要があるのは、「比治の真奈井・奈具の社」と呼ばれる、『丹後国風土記』逸文である。この条は、十三世紀後半に書かれた『古事記裏書』と、南北朝時代にできた『元元集』巻第七に引用されている。逸文を引くのが、いずれも北畠親房の著作である点も興味を惹くが、丹後地方の「トヨウケ信仰」を伝える古い史料として、ここで論じたことともかかわりが深い。内容は、以下のとおり。

比治山頂の真奈井という泉に天女八人が舞い降りて水浴びをしていたところ、土地の老夫婦が、一人の天女の衣裳を隠してしまう。こどものいなかった老夫は、服を奪われ天上に帰れることのできない天女に自分の子になるよう懇願する。彼女は、「自分一人が人間世界に留まってしまった。だから、あなたのいうことにしたがわぬわけにはいかないだろう」といって、老夫とともにその家に行き、そこで十餘年の歳月を送ることになる。

天女は醸酒が巧みで、家はその代価で裕福になったが、その後、無情にも、老夫婦は天女に「おまえは筆者の子ではない。しばらくのあいだかりに住んでいただけだ」といって彼女を追い出そうとする。泣く泣く家を出た天女は、途方に暮れ、荒塩村から丹波里の哭木村に至る。さらに竹野郡船木里まで来て、ようやく気持ちが落ち着いたので、この村に留まります。竹野郡の奈具社に鎮座する豊宇加能売命こそは、この天女である。

比治里という地名の起源説話でもあり、また、竹野郡に鎮座する奈具社の創祀を説いた伝承ともいえようが、比治山頂の真奈井という泉にかけて語られていたので、おそらくは、この地で採録された「古老相伝の旧聞異事」のたぐいだろう。

この「比治の真奈井・奈具の社」の逸文について考えなければならないのは、天女が竹野郡船木里奈具村に至り、ここに留まり、それが竹野郡の奈具社に祀られる豊宇賀能売命となったという点である。

「奈具社」は、延喜神名式の丹後国竹野郡のところにみえる「奈具神社」のことである（ただし、これは現在の奈具神社とは異なる）。祭神の豊宇加能売命だが、「豊（トヨ）」は豊饒をあらわす美称、「宇加（ウカ）」はウケの古語で、穀霊神に共通する名辞なので、「豊宇加能売命」とは豊かな穀物の女神の謂であろう。『倭姫命世記』は「豊受太神一座」を「元、丹波国与謝郡の比治山頂の麻奈井原に坐す。御饌神。亦の名は倉稲魂。是なり」としつつ、「酒殿神」を豊宇加能売命だとのべ、丹波の竹野郡奈具社に坐す神だとしていたが、神道五部書は、おおむね同様の説明を施している。この奈具社の「豊宇加能売命」を外宮祭神の「豊受大神」とする説があり、風土記の注釈書にもそう解説していたものがあるが、これには異論もあるので、外宮の祭神は、丹後のどの社の豊受大神を迎えたのかは判断がむつかしいが、丹後地方の「トヨウケ信仰」の一端を物語る史料として貴重である。

(21) 藤村重美「多久神社」(式内社研究会編『式内社調査報告』第十八巻〈皇學館大学出版部、昭和五十九年二月〉所収)四五五頁。

(22) 以下、丹後・丹波・但馬地方の古墳については、おもに中司照世「北近畿の首長墳とその動向」(『シンポジウム古代の北近畿―若狭湾岸の古代― 資料集〔改訂版〕』〈福井県立若狭歴史民俗資料館、平成七年三月〉所収)と中司先生のご教示とによる。貴重な資料をご提示してくださり、示唆に富むご教示を与えてくださった中司先生には、あつくお礼申し上げる次第である。

(23) 中司照世「尾張の前期盟主墳と尾張氏伝承―前期盟主墳の新たな調査成果に関連して―」(塚口義信博士古稀記念会編『塚口義信博士古稀記念日本古代学論叢』〈和泉書院、平成二十七年十一月〉所収)一八六～一八七頁。

(24) 中司照世氏は、網野銚子山古墳の被葬者は「丹波道主」、神明山古墳の被葬者は「丹波竹野媛の一族」とみておられるが、筆者も中司氏の指摘のとおりだと思う。

(25) 三浦到「佐紀陵山古墳の埋葬施設と被葬者について」(松藤和人編『同志社大学考古学シリーズXI 森浩一氏に学ぶ 森浩一追悼論文集』〈同志社大学考古学シリーズ刊行会、平成二十七年一月〉所収)。

(26) 佐藤晃一「埴輪の成立と変遷―丹後型円筒埴輪の分布と背景―」(『丹後の弥生王墓と巨大古墳』〈雄山閣出版、平成十二年八月〉所収)八九～九〇頁参照。

(27) 塚口義信「四世紀後半における王権の所在」(末永氏米寿記念会編『末永米寿記念 献呈論文集』坤〈奈良明新社、昭和六十年六月〉所収)・同「佐紀盾列古墳群とその被葬者たち」(塚口氏『ヤマト王権の謎をとく』〈学生社、平成五年九月〉所収)ほか。

(28) 佐紀盾列古墳西群では、四世紀後半に突如として大型前方後円墳の築造が始まる。その出現のありかたから判断すると、在地の勢力が力をつけて擡頭してきたというよりは、どこかから移住してきた集団と考えられる。あるいは、三輪山山麓の政治集団の一部が、木津川や淀川の水運に目をつけ、こちらに拠点をシフトした可能性も考えられよう。ただし、筆者は、記紀の皇統譜などから、両集団は対立するものではく、血縁的にも結びつきがあったと考えている。

(29) この点については、塚口義信「百済王家の内紛とヤマト政権」(『堺女子短期大学紀要』四四、平成二十一年三月)に詳しい。

(30) 塚口義信「丹波の首長層の動向とヤマト政権の内部抗争」(前掲)参照。

ちなみに、塚口氏は、海部直氏が自氏の歴史上応神天皇朝を劃期と位置づけていることや、そこに和爾臣氏の祖先の健振熊命を持ち出している点に注目し、「海部直一族は四世紀末の内乱のときに、実際に和珥氏の前身の一族とともに応神側に荷担していたことが考えられる」という推測を示しておられる。

(31) 塚口氏「四世紀後半における王権の所在」(前掲)・「佐紀盾列古墳群とその被葬者たち」(前掲)ほか参照。

(32) 三浦到「丹後の古墳と古代の港」(前掲)二四五頁・同「乙訓・丹波・丹後の古墳時代」(森浩一著『京都の歴史を足元からさぐる』〈学生社、平成二十二年九月〉所収)三〇〇頁。

(33) これらの古墳の石棺は在地石材を用いた地元生産ではあるが、その製作には竜山石石棺製作地の技術的な支援も想定されるという(広瀬和雄・和田晴吾編『講座◎日本の考古学』7古墳時代上の細川修平・今尾文昭執筆「近畿」〈青木書店、平成二十三年十二月〉二五〇頁)。なお、和田晴吾「丹後の石棺」(『丹後の弥生王墓と巨大古墳』〈前掲〉所収)も参照。

(34) 三浦氏「乙訓・丹波・丹後の古墳時代」(前掲)二九二〜二九四頁。

(35) 中司照世氏のご教示によれば、産土山古墳は、丹波・私市古墳、但馬・茶すり山古墳とともに顕著な存在の円墳で各地の中首長墳と考えられるという。いずれの古墳も、副葬品に朝鮮半島系の渡来系遺物が目立つ。たとえば、産土山古墳では銀装刀子、私市古墳では金銅装金具付き胡簶、茶すり山では鉄柄付手斧が、それぞれ出土している(これに関聯して、越前の福井市・天神山七号墳からは、金製耳飾り・金銅装金具付き胡簶も出土)。これらの古墳では鉄製武器・武具の併葬も顕著で、いずれ埴輪Ⅲ期(一部Ⅳ期初頭)であることから判断すると、被葬者はいずれも四世紀末から五世紀初めにかけて半島出兵に動員された豪族と推定されるという。

(36)古墳時代後期になると、丹後の前方後円墳は、律令制の郡域に相当する範囲に、タベカニ古墳〈与謝郡〉、新戸1号墳・がんじあん2号墳〈丹波郡〉、スクモ塚3号墳〈竹野郡〉、平野古墳〈熊野郡〉など小型の前方後円墳〈加佐郡は未詳〉が築造されるのみで、大首長墳は千歳車塚・長塚・小盛山の三古墳がそれにあたる。これらはいずれも小丹波の領域に築かれている（中司照世「北近畿の首長墳とその動向」〈前掲〉三・一一頁）。

(37)岡田精司「伊勢神宮の起源と度会氏―外宮と度会氏を中心に―」〈前掲〉も、こうした食膳の供御と服属儀礼の関係について言及しているが（三三九～三四〇頁）、岡田説はあくまで度会氏を伊勢の在地の豪族ととらえ、丹波起源説を否定しておられるので、根本的に拙見とは異なる。

(38)この点については、岡田精司「大化前代の服属儀礼と新嘗」（『日本史研究』六〇・六一、昭和三十七年五・七月、のち岡田氏『古代王権の祭祀と神話』〈前掲〉所収）・前之園亮一「淡水門と景行記食膳奉仕伝承と国造」（黛弘道編『古代王権と祭儀』〈吉川弘文館、平成二年十一月〉所収）参照。

(39)藤森馨「伊勢神宮内外両宮の祭祀構造―由貴大御饌神事に関する試論―」（『古代文化』四三―四、平成三年四月、のち藤森氏『古代の天皇祭祀と神宮祭祀』〈吉川弘文館、平成二十九年十二月〉所収）一一六～一一七頁。

(40)その意味で、度会氏の「ワタ」が「ワタツミ」の「ワタ」同様、海に関係する語である（朝鮮語の「바다」に由来するともいわれる）ことは（松本清張『古代探求』〈文藝春秋社、昭和四十九年九月〉三六三頁）はなはだ示唆的である。

(41)藤森馨「真名鶴神話と伊勢神宮の祭祀構造」（『国立歴史民俗博物館研究報告』一四八、平成二十年七月、のち藤森氏『古代の天皇祭祀と神宮祭祀』〈前掲〉所収）二九〇頁。なお、藤森馨「伊勢神宮内外両宮の祭祀構造―由貴大御饌神事に関する試論―」（前掲）も参照のこと。

(42)田中卓「丹波国比治の真奈井を尋ねて」（『瑞垣』一八六、平成十二年六月、のち『続・田中卓著作集』第一巻〈国書刊行会、平成二十三年十二月〉所収）も、外宮鎮座が『日本書紀』にみえない理由を食事を調達する神を祭る、副次的な祭祀の追加に過ぎなかった点にもとめておられる（七七～七八頁）。ただし、外宮鎮座に関する全体の構想は、田中説と小論ではずいぶん異なっている。

(43) ジャパンナレッジ版『日本大百科全書（ニッポニカ）』の「伊勢神道」（小笠原春夫氏執筆）による。

(44) ジャパンナレッジ版『日本大百科全書（ニッポニカ）』の「神道五部書」（中西正幸氏執筆）参照。

(45) 久保田収「伊勢神道の形成」（『神道史研究』六―四・五・六〈昭和三十三年七月・九月・十二月〉、の久保田氏『中世神道の研究』〈神道史学会、昭和三十四年十二月〉所収）。ただし、この図は、『神道大系』論説編五、伊勢神道（上）（神道大系編纂会、平成五年七月）所収の田中卓氏の「解題」による。

(46) ちなみに、天孫降臨の際の登由宇気神随行のことは、『日本書紀』にはみえない。神代紀の引く一書のなかには、『古事記』とよく似た内容のものがみえているので、『日本書紀』のほうにも豊受大神の随行のことが出ていてもよさそうなものだが、一書にこれを記した説はない。そのことを思うと、登由宇気神の随行は『古事記』完成段階で附された、比較的新しい伝承なのかも知れない。なお、この点については、直木孝次郎「古代の伊勢神宮」（藤谷俊雄・直木孝次郎編『伊勢神宮』〈三一書房、昭和三十五年七月〉、のち直木氏『神話と歴史』〈吉川弘文館、昭和四十六年四月〉所収、のち『直木孝次郎古代を語る4　伊勢神宮と古代の神々』〈吉川弘文館、平成二十一年一月〉所収）一九頁も参照のこと。

(47) 『宝基本記』より古い『太神宮諸雑事記』にみえる天照坐伊勢太神宮の託宣にも「我食津神波坐丹後国与謝郡真井原須、早奉迎彼神、可奉令調備我朝夕饌物也」とみえるので、これが神宮側の史料における初見ともいえる。しかし、書き継ぎを重ねた書物だけに、五部書の記述に影響されたのちの加筆とも考えられるので、かならずしも同書が成立したとされる平安後期にすでにそうした考えが存した証拠とはならない。

(48) たとえば、和田嘉寿男『倭姫命世記注釈』（和泉書院、平成十二年十一月）の当該箇所（一六五頁）でも、与佐を与謝郡の「与謝」のこととし、いっぽうで小見比治の魚井原を『丹後国風土記』逸文の「比治里」と同地で中郡峰山町久次あたりとしながらも、郡の相違には言及していない。

(49) 同様に、田中卓「イセ神宮の創祀（下）」（『神道史研究』三―六、昭和三十年十一月、のち『神宮の創祀と発展』〈神宮司庁、昭和三十四年三月〉所収、さらに『田中卓著作集』第四巻〈前掲〉所収）は、「丹後国が分立する以前、このあたり〈丹波郡の比治山付近のこと＝荊木注〉をも「与佐」と称したのかも知れぬ」とのべておられる（四八頁）。

(50) なお、吉見幸和『五部書説辨』巻之二、宝基本記辨中には「按、丹後国与謝郡比沼山頂魚井原ト云ハ、伝記・本記・次第記・世記等ニハ丹波国吉佐ノ宮ニ作レリ。彼書ハ太田命・阿波良波命・飛鳥・御気ナドガ編書ノ体ニ偽ル故ニ、古代ノ名ヲ以テ丹波国ト記セル者也。此書ハ四十五代聖武朝行基作ノ体ニ偽ルユヘ、丹後国ト記ス。続日本紀ニ、和銅六年、割㆓丹波国五郡㆒置㆓丹後国㆒、トアリ。比沼麻奈為神社ハ今丹後国丹波郡ニアリ。与謝郡ハ今丹波国ニ属ス」（『増補大神宮叢書18　度会神道大成後編』〈吉川弘文館、平成二十一年一月〉二八六頁）とある。「丹後国与謝郡比沼山頂魚井原」を問題にしたはやい例として注目されるが、その記述には混乱がある。

(51) 同書は、天牟羅雲命以下、鎌倉時代までの禰宜補任の次第を記した書で、その記述が建長五年（一二五三）に歿した度会行能で終わっているところから、「その行能の後、二、三代理―の間、すなわち行忠前後の誰かにより記されたもの」ではないかと推測されている（『群書解題』第五〈続群書類従完成会、昭和三十五年五月〉所収の鎌田純一氏執筆の解題二六三頁）。

(52) 『系図綜覧』所収のものは誤字もあり、善本とはい云いがたい。『度会氏系図』の写本は各地に現存しており、神宮文庫だけでも『度会氏系図』一冊（一門三四六九）・『度会氏系図　全』一冊（一門五五一七、度会末富写）・『度会系図　全』一冊（一門一一〇〇五、御巫清直旧蔵、安永三年書写・同八年一校了）・『度会系図』一冊（一門一一八六四）などがある。ほかに、『二所大神宮例文』『禰宜補任次第』にも『度会氏系図』と同様の記載が掲げられているが、譜文にあたる部分の記載は出入りがある。

(53) ただし、この点について、薗田守良は『神宮典略』三十「度会系論」において、この続柄にふれ、「原本ニ、阿波良波命以下六柱ノ系統左ノ如ク見ユレドモ、度会系図諸本ニヨリテ今改ム」として、大佐々命・御倉命の二人を阿波良波命の子とし、佐部支部・野古命・乙乃古命を大佐々命の子としている（『大神宮叢書　神宮典略』後篇〈昭和九年八月、内外書籍株式会社〉二〇四頁）。たしかに、阿波良波命・大佐々命・

御倉命の関係は、『度会氏系図』諸本間でも相違があるし（大佐々命については、系線を引いていないものもある）、後述の『尾張氏系図』とも異なるので、誤伝の可能性がある。かりに、このとおりだとしたら、譜文の矛盾は解消できる。

(54) 岡田精司「伊勢神宮の起源と度会氏―外宮と度会氏を中心に―」（前掲）三二六頁。

(55) 宝賀寿男『古代氏族系譜集成』中巻（前掲）一三二一頁。

(56) これとほぼ同じものは、国立国会図書館所蔵の『諸系譜』第一冊ノ三にも収録されているが、一見して草稿のようなところがあり、あるいは、書陵部所蔵の『尾張氏系図』はこれを浄書したものかも知れない。『諸系譜』については、鈴木真年とその門人中田憲信がその編纂にかかわったとみられており（宝賀寿男『古代氏族系譜集成』上巻〈古代氏族研究会、昭和六十一年四月〉六頁・横山勝行編『マイクロフィルム版『諸家系図史料集』解題目録』〈雄松堂出版、平成七年一月〉九五～九八頁）、書陵部所蔵『尾張氏系図』が『諸系譜』所収本の写しだとすると、ともにその最終的な成立は明治以降となろう。

(57) ただし、ここにみえる海部直氏が丹後のそれかどうかについては、慎重論もある（鈴木正信「『海部氏系図』の基礎的研究」『丹後・東海のことばと文化』〈京丹後市教育委員会、平成二十七年五月〉所収）一二六頁。なお、「天孫本紀」所引の尾張氏系図の基本的な研究としては、松倉文比呂「尾張氏系譜について」（『龍谷大学論集』四三三四三四合併号、平成元年三月）がある。

(58) 岡田精司「伊勢神宮の起源と度会氏―外宮と度会氏を中心に―」（前掲）三三二頁。

(59) 『補任次第』『度会氏系図』と『尾張氏系図・淡夜別命群』のあいだには、彦和志理命と彦和志理命、小和志命と小和志直、小佐佐布命と佐布古直など、よく似た人名がみえているが、これも後者がもとの形であると考えたほうがよさそうである。宝賀氏によれば、「実際の祖先の名を加工して系譜を編ん」だものだという（古代氏族系譜集成』中巻〈前掲〉一三一六頁）。

(60) 溝口睦子『古代氏族の系譜』（吉川弘文館、昭和六十二年十二月）八九～九三頁。

(61) 岡田精司「伊勢神宮の起源と度会氏―外宮と度会氏を中心に―」（前掲）三二五～三二七頁参照。なお、田中卓「二所大神宮大神主、度会氏の隆替」（『瑞垣』一一八、平成十三年一月、のち『続・田中卓著作集』1〈国書刊行会、平成二十三年十二月〉所収）は「度会氏は、もともと天神系であり、ニギハヤヒの命の降臨、神武天皇の東征に従って以来、伊勢とは縁の深い氏族」とのべ、また、「度会氏をこの地方のもともとの土着勢力と説く研究者もいますが、土着というのはむしろ「宇治土公」であって、度会氏は天神系で、あくまで伊勢神宮に奉仕する氏族として発展してきたのであります」（一〇六～一〇七頁）とのべている。つまり、田中氏は、外宮の鎮座を雄略天皇朝のことと認めるいっぽうで、度会氏そのものははやくから伊勢に居住して垂仁天皇朝以来神宮に奉仕してきたと考えておられるのである。

(62) 薗田守良『神宮典略』二十九「荒木田系論」・三十「度会系論」は、二所太神宮大神主や大神主を後世の偽造としている（前掲）二〇六～二〇七頁参照）

(63) 鈴木眞年『華族諸家譜』中（杉剛英・高橋源助・北川常藏明治十三年五月、のち鈴木鈴木防人編『鈴木真年伝』〈鈴木防人、昭和十八年四月〉に再録、同書は平成三年十一月大空社より伝記叢書89として復刊）二二丁ウ～二二丁ウ・宝賀寿男「国宝「海部氏系図」について」（前掲）三六八～三六九頁。

(64) ちなみに、『続日本紀』和銅四年（七一一）三月六日条に「伊勢国人磯部祖父。高志二人。賜$_{二}$姓渡相神主$_{一}$。」とあるのは、両者の関係をよく示す史料である。

(65) 丹後の海女集団が志摩に移住したとみる假説は、はやく水野祐『古代社会と浦島伝説』下巻（雄山閣出版、昭和五十年四月）二七六頁以下にもみえている。興味深い提説だが、水野氏はその理由を当時の気候変動にもとめており、また豊受大神も当初は天照大神に対してではなく、土着の伊勢の大神に対する御饌食神であったとみるなど、独特の構想にもとづく假説なので、全体としてはしたがいがたい。なお、磯部氏については、岡田米夫「伊勢神宮と磯部族との関係」（『神道宗教』七三、昭和四十九年三月）などを参照。

(66) 常田かおり「丹後の海部直氏に関する一考察」（『神道史研究』五四―一、平成十八年四月）九七頁。

(67) はやい例としては、薗田守良『神宮典略』二十九「荒木田系論」、三十「度会系論」があげられる（『大神宮叢書　神宮典略』後篇〈前掲〉

一三二―一四〇・一五六―一五七・二〇六～二〇七・二三一～二三七各頁参照)。『神宮典略』は、度会氏の系譜の偽作性を暴くことに急で、ところどころに行き過ぎと思われる点もある。たとえば、『釈日本紀』所引の『伊勢国風土記』逸文を後世の偽作として斥けている点などそれである。

(68) たとえば、田中卓「二所大神宮大神主、度会氏の隆替」(前掲)は、『補任次第』の古い部分の記述に信頼を寄せつつ、それに沿って、度会氏そのものははやくから伊勢に居住して垂仁天皇朝以来神宮に奉仕し、やがて豊受大神宮奉迎ののちは二所太神宮大神主として両宮に奉仕していたが、天武天皇朝から内宮禰宜の荒木田氏と外宮禰宜の度会氏の二流が生じ、度会氏は外宮専任となるとしている。しかし、小論でのべた推論が認められるとすれば、こうしたみかたは改める必要があろう。

(69) 岡田精司「伊勢神宮の起源と度会氏―外宮と度会氏を中心に―」(前掲)三五二頁。なお、『止由気宮儀式帳』の伝承に懐疑的な意見としては、直木孝次郎「古代の伊勢神宮」(前掲)一九頁や松前健「皇大神宮・豊受大神宮」(『神社と聖地』第六巻〈白水社、昭和六十一年〉、のち『松前健著作集』第三巻〈おうふう、平成九年十一月〉所収)三四～三八頁も参照されたい。

(70) 高森明勅「伊勢神宮はいつ・なぜはじまったのか」(高森氏『歴史から見た日本文明』〈展転社、平成八年十二月〉所収)。

〔附記〕

小論で紹介した丹後・丹波・但馬の古墳のデータは、おもに中司照世先生からご提供いただいた情報による。いつに渝らぬ先生のご芳情にあつくお礼申し上げる次第である。

橘奈良麻呂の変と多治比氏

西山祐実

はじめに

多治比真人氏（以下、たんに「多治比氏」と略称）は、七世紀後半から、天武天皇朝の摂津職大夫の麻呂、持統天皇朝の右大臣で、文武天皇朝には左大臣として活躍した嶋、その子で民部卿・大宰帥・中納言・大納言等を歴任した池守、そして、遣唐押使・中務卿・大宰大弐・民部卿・参議・中納言などの要職を歴任した県守と、遣唐大使・参議・中納言・式部卿を経た広成の兄弟など、奈良時代前半には多くの官人を輩出し、中央政界で重きをなした。

ところが、こうした繁栄を誇る多治比氏が大きく後退する事件が起きる。天平宝字元年（七五七）七月に発覚した橘奈良麻呂の変がそれである。のちに詳述するとおり、この変によって、多治比犢養・礼麻呂・国人ら一族の者が多数奈良麻呂に加担し、処罰されたのであり、嶋の子で当時中納言の要職にあった広足は，同族を教導できずことごとく賊徒にした責任を問われて任を解かれている。身から出た錆とはいえ、多治比氏にとっては大きな打撃であった。

そこで、小論では、橘奈良麻呂の変と多治比氏のかかわりについて、詳しく分析し(1)、そこから多治比氏の軍事的性格について考えてみたいと思う。

一、橘奈良麻呂の変

孝謙天皇誕生の前年、天平二十年（七四八）四月には、元正太上天皇が崩御している。太上天皇は、諸兄が後ろ盾と恃む存在であったから、橘諸兄政権にとっては大きな打撃であったことは想像にかたくない。それでも、このあとは天平勝宝四歳（七五二）に大仏開眼供養があるなど、そちらに精力が注がれたせいか、大きな摩擦は生じなかった。そのバランスが一気に崩れるのは、天平勝宝七歳（七五五）のことである。この年の十一月、橘諸兄が、従者佐味宮守によって密告されたのである。このときは、聖武太上天皇が密告を握り潰したため、大事には至らなかったが、あとになってこれを聞いた橘諸兄は、翌天平勝宝八歳（七五六）二月に左大臣を辞職する。

ここから、政局は急展開をみせるのだが、橘諸兄辞職の三カ月後には、聖武太上天皇が崩御する。遺詔により、道祖王を皇太子に立てられた。孝謙天皇の即位を決断した時点で、その後の皇位をだれが嗣ぐかのは、避けて通れない課題であったが、聖武太上天皇は、生前には自身の意向は漏らさず、遺言というかたちで発表したのである。道祖王が皇太子にえらばれた理由は定かではないが、彼は天武天皇第七皇子の新井田部親王の子であり、数ある天武天皇系皇子のなかで、唯一藤原一族の血を引いていたこと（母が鎌足の女の五百重娘）が決め手になったのであろう。

ところが、この遺言は一年もたたないあいだに反故にされてしまう。あけて天平勝宝九歳（七五七）三月、素行不良を指摘された道祖王は廃太子となり、かわって四月には大炊王が立太子する。大炊王は、おなじ天武天皇皇子でも舎人親王の子で、藤原一族とはまったく繋がりがない。にもかかわらず、彼が皇太子になったのは、仲麻呂の思惑がはたらいている。じつは、この大炊王、夭逝した仲麻呂の長男真従の妻であった粟田諸姉を妻に迎えており、しかも、以前から仲麻呂の邸宅（田村第）に住んでいた。つまり、仲麻呂は、自身の言いなりになる皇族を皇太子に据えたのである。

こうした強引なやりかたが、反藤原派の皇族・貴族たちの反感を買わないはずがない。しかも、天平宝字元年（七五七）六月の人事異動では、反仲麻呂派の橘奈良麻呂や大伴古麻呂たちが軒並み降格または左遷されたのだから、事態はこのままで済むはずがなかった。

七月二日に発覚したクーデター（いわゆる「橘奈良麻呂の変」）は、起こるべくして起こったといえよう。これより先の六月二十八日、山背王が密告してきた。奈良麻呂が兵器を用意し、田村宮を包囲する陰謀を企てており、大伴古麻呂もそれに加担しているというのだ。おなじ六月中には、巨勢堺麻呂も、答本忠節に聞いた話として、大伴古麻呂が小野東人に謀反に加わる意思の有無を確認したことを報告している。右大弁巨勢朝臣堺麻呂の密奏によると、このとき、忠節は豊成にこのことを伝えたのだが、豊成は、「大納言年少也。吾加二教誨一宜レ莫レ殺之。（大納言（仲麻呂）はまだ若いので、自分が陰謀者に教戒を加えて仲麻呂を殺さないように言い含めよう）」と答えたという。

このことは、豊成が忠節の言を握り潰したともとれるのであって、そこから判断すると、あるいは、豊成も仲麻呂打倒のクーデターに加担していたのではあるまいか。直後の九日には豊成の息子の乙縄が逮捕され、十二日には豊成も縁坐によって大宰員外帥に左降されているが（病と称して赴任はせず）、これは豊成排斥にほかならない。おそらくは、弟仲麻呂の意向によるものであろう。仲麻呂は、凡庸であるにもかかわらず、武智麻呂の長男というだけで自分より上位にいた豊成をこころよく思っていなかったのであろう。

七月二日になって、孝謙天皇・光明皇太后は相次いで関係者の自重をうながす詔を出すが、この日の夕方になって、こんどは上道斐太都が仲麻呂に密告してきた。これによれば、今日の未時（午後二時頃）、小野東人から大炊王・仲麻呂の暗殺計画を打ち明けられたという。メンバーは、黄文王・安宿王（いずれも長屋王の子）・橘奈良麻呂・大伴古麻呂で、ほかにも大勢同調者がいるという。これを聞いた仲麻呂は、先手を打って平城宮の諸門を警固し、高麗福信を派遣して全員を逮捕する。高麗福信は、天平勝宝元年（七四九）に中衛少将従四位下で紫微少弼を兼任するなど、仲麻呂の影響下にいた人物である。

さて翌日から取り調べがはじまるが、『続日本紀』には、小野東人・安宿王・奈良麻呂・佐伯全成の自白が詳しく載せられている。これをみると、未遂におわったクーデターではあるが、ずいぶんまえから計画されていたものであることがわかる。とくに、全成の自白によれば、天平十七年（七三五）・天平勝宝元年（七四九）・天平勝宝八歳（七五六）、と三度も奈良麻呂から誘われたというから、火種は以前から燻っていたことになる。ちなみに、全成は、誘いを断ったにもかかわらず捕縛され、尋問のあと自経している。みずから責任を感じるところがあったのであろうが、事件への関与の程度を考えれば気の毒な結末である。

二、奈良麻呂の変と多治比氏

以上、橘奈良麻呂の変に至る経緯と変の経過を略述した。これによってあきらかなように、変に多治比氏一族のものが多数関与していたことは疑いない。むろん、変にかかわった氏族は多治比氏一氏にかぎらない。大伴氏・佐伯氏といった、いわゆる軍事的氏族が多治比氏同様にこの変に深くかかわっていたことも事実である。

ただし、ここで筆者が注目したいのは、多治比氏が大伴・佐伯両氏以上にこの変に深くかかわっており、しかも、それが橘奈良麻呂と多治比氏の人々との個人的繋がりに起因するものであると考えられる点である。以下、この点に関する私見をのべたい。

筆者が、多治比氏が他氏よりも深く橘奈良麻呂の変にかかわっていたであろうと考える第一の理由は、一族から、多治比犢養《こうしかい》・多治比礼麻呂《いやまろ》・多治比鷹主・多治比国人・(多治比広足)といった多数の逮捕者や処罰者が出ている点である。以下、これらの人物の経歴を簡単に振り返っておく。

まず、多治比犢養。彼は、天平十三年(七四一)閏三月に正六位上から従五位下に昇り、同十八年(七四六)九月に左京亮、天平勝宝元年(七四九)八月に式部少輔、同四年(七五二)五月に遠江守に任ぜられ、その後、同六年(七五四)正月には従五位上に叙せられたが、天平宝字元年(七五七)七月に橘奈良麻呂の変で捕らえられ、窮問され、杖下に死した。活動期間や名前などから推定するに、多治比池守の子とみられ、後述の多治比鷹主・多治比礼麻呂、さらには牛養・犬養と兄弟であった可能性が考えられる。[2]

つぎに多治比礼麻呂だが、彼についてはこの変以外の記録は残っていない。[3]『続日本紀』天平宝字元年(七五七)七月四日条にみえる小野東人の自白によれば、この年の六月に奈良麻呂一派が密会したおりに大伴古麻呂・多治比犢養・大伴池主・多治比鷹主・大伴兄人らと参加していたことが知られる。宝賀氏が、多治比犢養らの兄弟であるとみていることは、右に記したとおりである。

つぎに、多治比鷹主だが、橘奈良麻呂の変に連坐する以前の経歴はまったく不明であるが、『万葉集』巻十九に以下のような歌がみえる。

閏三月於衛門督大伴古慈悲宿祢家餞之入唐副使同胡麻呂宿祢等歌二首

韓國尓　由伎多良波之氏　可敝里許牟　麻須良多家乎尓　美伎多弖麻都流　(四二六二)

（唐国に　行き足らはして　帰り来む　ますら猛男に　御酒奉る）

右一首多治比真人鷹主壽副使大伴胡麻呂宿祢也

ともに橘奈良麻呂の変にかかわる大伴古慈悲と多治比鷹主の接点を示す貴重な史料として見逃しがたいが、この点についてはのちにあらためてふれたい。

つぎに、多治比国人である。彼は、天平八年（七三六）正月に正六位上から従五位下に叙せられた記事が初見で、以後、同十年（七三八）閏七月に民部少輔に任じられ、同十五年（七四三）正月には出雲国の優婆塞を貢進したことがみえ、このとき出雲守で従五位下だったことが知られる。同十八年（七四六）四月には従五位下より正五位上に昇り、同二十年（七四八）十一月には播磨守で正五位下だったことがわかる。その後、天平勝宝元年（七四九）七月に正五位上に昇り、同二年（七五〇）三月には大宰少弐、同三年（七五一）正月には従四位下、天平宝字元年（七五七）六月には摂津大夫に任じられているが、後掲の『万葉集』四四四六番歌から天平勝宝七年（七五五）五月時点で右大弁だったこともわかっている。宝賀氏は、池守の弟の県守の子と推定しているが、(4)位階の推移などから考えて多治比犢養・多治比鷹主とほぼおなじ世代の人物であったことは間違いない。

最後に、直接、変に加担していたわけではないが、多治比氏から多くの逮捕者を出した責任を問われて処罰された広足についてのべておく。

広足の名がはじめてみえるのは、霊亀二年（七一六）のことで、この年従五位下に叙されている。ついで養老元年（七一七）八月には、美濃行幸の行宮造営の任にあたり、神亀三年（七二六）正月には正五位下に叙され、同年九月に播磨国印南野への行幸に際して造頓宮司に任じられている。その後は、天平五年（七三三）十月に上総守、天平十年（七三八）八月天平に武蔵守を歴任し、天平十一年（七三九）正月には兄広成の薨去によって一族の長となり、天平十二年（七四〇）正月に正五位上を授かっている。

広足の経歴で注意を惹くのが、最初の叙位から天平十二年（七四〇）まで、十四年間もの長期停滞がみられる点である。こうした事例は、ほかの兄弟四人はみられないもので、なんらかの事情が存したのかも知れない。

ただ、天平年間における彼の昇進はめざましく、天平十五年（七四三）五月には従四位下に叙せられ、天平十八年（七四六）四月に刑部卿となり、翌十九年（七四七）正月には従四位上に昇り、九月には兵部卿に任じられるなど、橘諸兄政権下で順調に昇進し、翌二十年（七四八）二月には、正四位下に進んでいる。そして、天平勝宝元年（七四九）七月には孝謙天皇の即位に伴って正四位上を授けられ中納言となり、翌二年（七五〇）正月に従三位に昇叙されている。天平勝宝年間末には、左大臣藤原豊成と紫微内相藤原仲麻呂に次いで、太政官の第三位の席次に地位を占めたが、天平宝字元年（七五七年）の橘奈良麻呂の変では、一族から多治比犢養・礼万呂・鷹主と複数の処罰者を出したことを咎められ、公卿として相応しくないと責任を負って、中納言の任を解かれている。

自身の関知せざることとはいえ、一族を率いるものとしてはやむを得ないところである。邸宅に戻った広足は、天平宝字四年（七六〇）正月、失意のうちに薨去している。

以上、この変にかかわっていた多治比氏の四人についてみてきた。軍事的氏族のなかで変にかかわった人物としては、ほかに大伴氏では古麻呂・古慈斐・兄人、佐伯氏では全成の名前があげられる。このうち、全成については、前述のようにまったく乗り気ではなかったから、これを加担者に数えるのは妥当ではあるまい。

もちろん、全成の自白によれば、変には『続日本紀』に名前のあらわれないなお多くの加担者がいたというから、『続紀』にみえる人名のみによって奈良麻呂の同調者を分析することは慎重におこなわねばならないが、それでも、多治比氏から多数の処罰者が出ていることは、多治比氏がもっともこの変に深く関与していたことを示すに十分であろう。

なお、これに関連して、多治比氏が大伴氏・佐伯氏といった他の軍事的氏族に先んじて奈良麻呂に誘われていたのではないかと考えられる点も、注意を要する。すなわち、全成の尋問によれば、天平十七年の聖武天皇不予の際、奈良麻呂は、

去天平十七年。先帝陛下行二幸難波一。寝膳乖レ宜。于レ時奈良麻呂謂二全成一曰。陛下枕席レ不安。殆至二大漸一。然猶無レ立二皇嗣一。恐有レ変乎。願率二多治比国人。多治比犢養。小野東人一。立二黄文一而為レ君。以答二百姓之望一。大伴佐伯之族随二於此挙一前将レ無レ敵。

といって、全成を誘ったという。むろん、全成はこの誘いを断ったのだが、この奈良麻呂の発言を素直に受け取れば、奈良麻呂は、まず多治比氏の面々に声をかけて決起しようと考えていたのである。そして、そこに大伴・佐伯両氏が加わればもはやクーデターは盤石だと思っていた様子である。ここから判断すれば、クーデターに不可欠の力として、奈良麻呂がもっとも恃みとしていたのは、多治比氏ではなかったと考えられるのである。(5)

では、橘奈良麻呂は、なにゆえそこまで多治比氏をあてにしていたのであろうか。

筆者は、これを橘諸兄・奈良麻呂親子と多治比氏との個人的な結びつきによるものだと考えたい。この点について手がかりとなるのが、『万葉集』巻二十に収められたつぎの歌である。

同月十一日左大臣橘卿宴右大弁丹比国人真人之宅歌三首

和我夜度尓　家流奈弖之故　麻比波勢牟　由米波奈知流奈　伊也乎知尓左家（四四四六）

（我がやどに　咲けるなでしこ　賂はせむ　ゆめ花散るな　いやをちに咲け）

右一首丹比国人真人壽左大臣歌

麻比之都々　伎美我於保世流　奈弖之故我　波奈乃未等波　無　伎美奈良奈久尓（四四四七）

（賂しつつ　君が生ほせる　なでしこが　花のみ問はむ　君ならなくに）

右一首左大臣和歌

安治佐為能　夜敝佐久其等久　夜都与尓乎　伊麻世和我勢故　美都々思努波牟（四四四八）

（あぢさゐの　八重咲くごとく　八つ代にを　いませ我が背子　見つつ偲はむ）

右一首左大臣寄味狭藍花詠也

冒頭の「同月」は、天平勝宝六年二月をいうが、丹比国人の邸宅での宴会における国人と橘諸兄の歌の応酬である。ここで、橘奈良麻呂の変にかかわって伊豆に配流となった国人が諸兄と昵懇の間柄であったことは興味をひく。

宴会における諸兄親子と国人との接点を示す直接の歌は右の二首だけだが、実はこの前後、諸兄や奈良麻呂の邸宅では盛んに宴が催されている。たとえば、さきの歌の直後には、橘奈良麻呂の邸宅での宴会の際に詠まれた歌がみえる。

十八日左大臣宴於兵部卿橘奈良麻呂朝臣之宅歌三首

奈弖之故我　波奈等里母知弖　宇都良々々々　美麻久能富之伎　吉美尓母安流加母（四四四九）

（なでしこが　花取り持ちて　うつらうつら　見まくの欲しき　君にもあるかも）

右一首治部卿船王

和我勢故我　夜度能奈弖之故　知良米也母　伊夜波都波奈尓　佐伎波麻須等母（四四五〇）

（我が背子が　やどのなでしこ　散らめやも　いや初花に　咲きはますとも）

宇流波之美　安我毛布伎美波　奈弖之故我　波奈尓奈蘇倍弖　美礼杼安可奴香母（四四五一）

（うるはしみ　我が思ふ君は　なでしこが　花になそへて　見れど飽かぬかも）

右二首兵部少輔大伴宿祢家持追作

さらに別の日にも、宴会のあったことが、以下に掲げる直後の歌からわかる。

十一月廿八日左大臣集於兵部卿橘奈良麻呂朝臣宅宴歌一首

高山乃　伊波保尓於布流　須我乃根能　祢母許呂其呂尓　布里於久白雪（四四五四）

（高山の　巌に生ふる　菅の根の　ねもころごろに　降り置く白雪）

右一首左大臣作

これらの宴会に国人が参加していたかどうかは不明だが、大伴家持、橘諸兄・奈良麻呂父子、大原今城らは、いわば歌詠み仲間であって、こうした宴会をしばしば設けては歌を詠み、酒席をともにしたことは想像にかたくない。小野東人の自白のなかにも、反仲麻呂派が天平宝字元年六月中に三度会合をもったとあるが、初回の密会が奈良麻呂の邸宅においておこなわれたということも、こうした万葉歌と考え合わせると、はなはだ示唆的である。

なお、さきに多治比鷹主の経歴にかかわって引いた『万葉集』の歌からは多治比氏と大伴氏の結びつきも想定できそうである。とすれば、こうした宴会を通じて友好を深めた橘奈良麻呂と国人がときに政道を批判し、打倒仲麻呂政権を語らうことがあったのではないかと推測している。さきに引用した佐伯全成の自白によれば、奈良麻呂が最初に彼に話をもちかけたのは天平十七年のことだったというから、諸兄父子と国人の関係はすでにそのころ出来上がっていたと考えることも可能であろう。

おわりに

以上、橘奈良麻呂の変と多治比氏のかかわり、ないしは奈良麻呂個人と多治比氏の人物とのかかわりについて考えてきた。これを要するに、奈良麻呂の変において、多治比氏の人々が大伴氏・佐伯氏といった氏族より先に橘奈良麻呂に誘われていた可能性が大きいこと、そしてそれは橘諸兄・橘奈良麻呂父子と多治比国人の間に個人的なつながりに負うところが大きかったと推測できることなどをのべた。

北山茂夫氏のように、はやくに『万葉集』の歌に注目し、奈良麻呂と多治比氏の繋がりを推定された研究者もおられるが、(6)ここではそれをさらに一歩進めて、橘奈良麻呂にクーデターを決断させたのは、多治比氏の力を恃みとすることができたからではないかとする推論をのべた。

いずれにしても、この変に多治比氏関係者が多く連坐し、処罰され、中納言の任にあった広足もその責任を負って解任の憂き目にあった。再び多治比氏が歴史にあらわれるのは天平宝字五年（七六一）、土作の西海道副使の任命の記事であり、政界への復帰に四年もの月日を費やすことから、被害の甚大さをものがたっている。ここに至り、政界における多治比氏の勢力は大きく後退したのであって、その後、広足を最後に、多治比氏はしばらく議政官を輩出することができず、表舞台から後退せざるをえなかった。

注

（1）橘奈良麻呂の変に関する専論は以外に少なく、奈良朝政治史、とくに藤原仲麻呂の権力拡大とのかかわりで説かれるケースが多い。その代表的なものが、岸俊男『藤原仲麻呂』（吉川弘文館、昭和四十四年三月）・中川収『奈良朝政争史』（教育社、昭和五十四年三月）、近年では木本好信『藤原仲麻呂』（ミネルヴァ書房、二十三年七月）があげられる。

（2）宝賀寿男『古代氏族系譜集成』上巻（古代氏族研究会、昭和六十年四月）六五頁。

（3）なお、この人物のことは竹内理三・山田英雄・平野邦雄編『日本古代人名辞典』第四巻・第七巻の増補の部にも洩れている。

（4）宝賀氏前掲書、六三頁参照。

（5）ところで、ここでいま一つ考えておきたのが、多治比氏と丹比連氏の関係である。

周知のように、丹比連氏は、河内国丹比郡を中心とする地域の在地豪族である。いっぽうの多治比氏は、はやくから平城京に居を構えて中央貴族化していたが、氏族名からもあきらかなように、やはり丹比郡とかかわりがあったと考えられる。確証はないが、多治比氏ももとは丹比地域から出た氏族ではないかと思われる。多治比氏と丹比連氏の関係は、ちょうど、平群谷に本貫を移し中央に進出した紀朝臣氏と紀伊に残った紀直氏の関係に似たものがあると思う。

多治比氏が七～八世紀を通じて丹比郡と深くかかわっていたことは、上田睦「丹比廃寺式軒丸瓦と多治比野の開発　出土瓦からみた河内の古代寺院と氏族（四）」『考古学論叢 関西大学考古学研究室開設五拾周年記念』下巻（関西大学考古学研究室開設五拾周年記念考古学論叢刊行会、平成十五年十二月）に詳しいが、これによれば、黒山廃寺は多治比氏の氏寺である可能性が大きいし、当地における鋳造関連施設の経営を総括したのも多治比氏だという。すなわち、多治比氏は、この地域と深くかかわり、奈良時代の繁栄につながる政治基盤を確保していたといのである。

以上のような推測が正しいとすれば、この地に進出した多治比氏は、当然のことながら、在地の丹比連氏と接触したはずで、ことによると、多治比氏は丹比連氏を取り込んだ可能性も考えられる。丹比連氏が、古くは丹比部を率いる伴造氏族であり、宮城十二門の一つ丹治比門の門号氏族として軍事的役割を担っていたことはよく知られている。丹比連氏が多治比氏に取り込まれたという仮説に立っての話ではあるが、そうした丹比連氏の存在が、奈良麻呂の変にも関係があるかも知れないが、七~八世紀の丹比連氏に関する史料は乏しく、その動向をじゅうぶんに把握することはできない。

（6）北山茂夫「天平末年における橘奈良麻呂の変」（『立命館法学』二、昭和二十七年七月、のち北山氏『日本古代政治史の研究』〈岩波書店、昭和三十四年四月〉所収）三二八頁。